無朋友

周偉豪、廖暉清 等著

無朋友
作者／周偉豪、廖暉清等
策劃編輯／伍詠慈
責任編輯／史曉晴
美術設計／陳詩韻
出版發行／突破出版社
香港沙田亞公角山路33號突破青年村
電話：2632 0000　傳真：2632 0388
電郵：breakthrough@breakthrough.org.hk
網址：http://www.breakthrough.org.hk
http://www.btproduct.com
承印／海洋印務
2016年7月初版1刷
2021年8月初版3刷

The True Friendship in Digital World
by Chris Chow & Carmen Lieu, et al.
First Printing, First Edition, July 2016
Third Printing, First Edition, August 2021

Printed in Hong Kong
ISBN 978-988-8392-16-2

本書經文取自《新標點和合本》，版權為香港聖經公會所有，承蒙允准採用，特此鳴謝。

誠邀閣下就突破出版社的書籍發表意見

歡迎加入突破書籍 Facebook page — http://www.facebook.com/btbooks.page

本書採用環保油墨印刷

生活與輔導

關懷、連繫、復和、

溝通、對話……

凝視心之脈動，

直到重新尋獲自己的心。

目錄

友誼保鮮

結語

引言

不久以前，在 Facebook 上接受了一個朋友的交友邀請，我的朋友數目正式增長到二百。看着這個數字，不禁驚訝，原來我有那麼多朋友呀？然後又一陣納悶，為什麼平日來來去去只有十位八位，其餘的一百八十多個朋友跑到哪裏去了？

不少人曾有給同事出賣的經歷，以為把秘密或困擾告訴一位同事，殊不知一兩天後，就有多於一位同事知道了。難怪不少人都說：職場無朋友。

在一個大專生的分享小組上，他們慨歎在大學裏無朋友，有的只是一個一個競爭對手。同學是互相利用的，幫忙抄功課、擺貼士、搶參考書，大家之間只有互利關係，不是朋友。

在暢銷書《人生一定要有的8個朋友》（*Vital Friends: The People You Can't Afford to Live Without*）一書內，記述了一個研究，就是為何人會流落街頭，終日沉迷酒精或毒品，追溯原因，共通點是：缺乏健全的人際關係，説穿了，就是：無朋友。

看着這本書的你，會有這種Facebook上朋友千個，卻還是無朋友的感覺嗎？

曾任日本文化廳廳長，並為臨牀心理治療師的河合隼雄先生，曾寫過一本稱為《大人的友情》的書，他提到：「友情對人來説，是非常重要的東西。夫婦、親子、兄弟姐妹、上司和部屬，當所有人際關係逐漸深入時，應該會發現那基礎其實也是友情在發生作用。」他甚至認為若人生沒經歷過友情，就像一場走馬看花的旅行，煞是可惜。

即使神人關係，也會有朋友的情誼：「我乃稱你們為朋友；因我從父所聽見的，已經都告訴你們了」（《聖經・約翰福音》15：15）。

可見友誼不是人際關係的其中一種，它根本是各種關係的內涵。

美國的心理學家稱這時代為「自戀時代」，由於人的過度自我中心，家庭、愛情、工作、信仰等各種關係都變質。我們會花時間改善親子關係、戀愛或婚姻關係、工作關係，但對於友誼這種基礎關係，你又花過多少時間去了解和改善？

透過這本書，想與讀者談談友誼。我們先由基本步談起，究竟何謂友情？有些人一直認為只有某類人才會交上很多朋友，是真的嗎？第一、二部分會嘗試拆解這些基本的友情迷思。

青年男女，最常的疑問一定是男女的友誼，分不清友抑或情，在關係中進抑或退，所以本書也花了一些篇幅談幾個簡單的愛情友情問題。至於深入地談愛情，請參考突破出版的其他戀愛書吧！

明白了友情一些基本道理，是時候想想誰是我的朋友了。如果你身邊有好朋友，又要如何建立關係，彼此增益，本書最後兩個部分希望與讀者分享交朋結友的經驗。你會發現這些部分文章特別多，可見經營一段關係，不是件容易的事，但願你我也能學會。

讀這篇引言時，你查看了多少次 WhatsApp 或 Facebook ？與多少人聯絡過？在人際連絡更緊密的今天，透過重訪友情的本質，但願每位讀者都能享有真實的友誼。

伍詠慈
策劃編輯
突破出版社

無朋友

譚秀薇、詹維明

＊本部分選輯自譚秀薇、詹維明《交友》重新編輯修訂。

為何無朋友？

一個人就算如何習慣獨處，沒有人愛孤單一個，始終需要朋友。科學家發現，朋友是快樂的催化劑，朋友的陪伴使最乏味的活動變得有趣；甚至認為關係是我們快樂的首要指標。這些都說明，人需要朋友。

交朋友的目的不單因為人不能離羣獨居，更因為每個人都需要有愛和被愛的對象。無論在情感、靈性、知識和生活上，我們都需要有人分享喜樂，分擔憂愁。我們必須明白一件事，沒有一個人是人見人愛的，也沒有人能強逼自己與所有接觸的人建立牢固的友誼。

不能成為朋友的人

朋友有很多種，最簡單的分類是同性與異性，也有交誼深淺之別，**正常的社交生活應該包括不同性別、不同交情的朋友。有**

的朋友如鏡子，反映我們內心情況，讓我們能認識、明白自己更多，幫助我們發揮內裏潛質，改變待人處事的態度，過着更有意義的生活；不過，有些性格卻使人卻步：

1. 有機心

有人只與有利於自己的人結交，有人只顧高攀，趨炎附勢，阿諛奉承，希望靠別人的聲望、權勢，提高自己地位，忽略了腳踏實地，運用自己的實際潛質，好好上進。

2. 自我中心

有人只擔心自己有困難、痛苦時沒有人支持，因此緊緊抓住幾個朋友，以便在有需要的時候，能有強壯的肩膊倚靠或聆聽的耳朵聽自己的牢騷、冤屈、苦情，卻從來未想過在平穩的日子，在快樂的時候與這些朋友分享快樂，更從未想過在朋友有需要的時候給予鼓勵或助以一臂之力。這是極端自私的表現。

3. 佔有慾強

有人視朋友為禁臠，即是把朋友「私有化」，一句「他是我的」，禁止別人一碰。朋友對他人友善，幫助他人，立即妒火中燒，輕則使性子，重則與人絕交。這樣的人還停留在孩童的心理狀態，不知道什麼是尊重別人，容讓別人有自由，更不曉得給予自己更多的機會，透過認識朋友的朋友將個人的圈子擴大。

4. 沒有責任

有人忽冷忽熱，答應的事不做，做了的事又不完全，讓別人收拾殘局；遲到、早退更是等閒事。有人喜怒無常，玩弄朋友的感情。有人對私有物件吝嗇如命，卻將別人的財物浪費或隨意糟蹋，這是沒有責任感的表現。

5. 抬高自己

有人抱着抬高自己地位的心態，只與比自己能力低，社會階層較自己差，經濟情況不如自己的人做朋友，以便受到仰望，受到稱讚，表現自己關懷貧弱，有同情心降尊就紆，無限偉大。其動機不當，是極端沒有安全感的人。

6. 不尊重別人

有人口沒遮攔，專門挖苦別人。有人將別人的短處、錯失、私事以笑謔的口吻公開講說，以別人的痛苦為個人的娛樂。反之，若被他人用相同方法對待，就暴跳如雷，含恨不恕。這樣的人不單不尊重別人，也不尊重自己。

朋友，總有一位在左近

「話不投機半句多」，選擇朋友的時候我們會先從最近的圈子內尋找，譬如家庭、學校、工作。我們與親戚、同學、同事都有許多共通話題，先從這些話題開始，慢慢加深認識的時候，就可以引進其他各方面的興趣，交誼的程度也因關係的融洽而進深。

透過朋友，我們可以認識他們的朋友，生活上的其他圈子亦給我們機會與他人建立友誼。性格、家庭背景、教育程度、經濟收入、興趣、價值觀、人生觀等與我們相差不太大的人都可以考慮做朋友。

友誼像種子一樣，需要用時間、心思澆灌和栽培。友誼是彼此接納，彼此尊重，彼此誠實，彼此給予對方充足的自由發展潛質，與其他人建立關係。友誼是富有幽默感，用輕鬆卻不輕佻的態度與他人分享人生。友誼是無私的愛，甚至到一個地步為朋友捨命。

讀過《雙城記》嗎？那是一幅「人為朋友捨命，人的愛心沒有比這個大」（《聖經．約翰福音》15：13）的真實寫照！

小習作

1. 依據上文的描述，你是別人的好朋友嗎？在「不能成為朋友的人」的幾項描述，有沒有哪一項與你相似？

 若然有，不妨記下例子，然後思索改善的方法。

性格	例子
有機心	
自我中心	
佔有慾強	
沒有責任	
抬高自己	
不尊重別人	

2. 俗語說：「物以類聚，人以羣分」。想一想，你最熟絡的幾個朋友，然後找出你們之間有相同與不同之處？

相同之處：

I. ______________________________

II. ______________________________

III. ______________________________

不同之處：

I. ______________________________

II. ______________________________

III. ______________________________

這些相同與不同之處如何影響你們的友誼？

交朋友是需要付代價的。

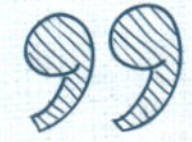

為什麼交不到新朋友？

有些青年人慨歎自己無朋友，細問之下，發現他們不願意花時間交朋友，常以為自己沒有什麼值得與朋友交流，甚至認為朋友會不喜歡自己。然而，這些青年人往往非常渴望有朋友。那麼要從何入手？

正所謂「臭味相投」，看一個人所交的朋友，就可以知道他是哪一類人。由此看來，要找個合心意的朋友似乎並不困難，實際上卻恰好相反。

不論在哪一個年齡階段，我們都聽到不少人怨歎：「我很寂寞，沒有人了解我！」其實，在未曾考慮如何擇友之先，應先細看自己，我是一個值得交往的朋友嗎？

交朋友以前，先認識自己

近年，不少人都做過不同的性格測驗測試，最多人認識的有九型人格測試（Enneagram）、梅耶——布厘格性格差異顯示法（Myers-Briggs Type Indicator，MBTI）等。

這些測驗固然讓我們更認識自己；然而，在這些類型以外，我們有否認真地與自己來一場對話？

1. 我是誰？

我是一個怎樣的人？我喜歡自己嗎？喜好是什麼？有什麼長短處？我欣賞自己哪些方面？我能否很誠實告訴自己，我是一個怎樣的人？我自覺樣樣不及人，沒有可取之處，抑或覺得自己高人一等、目中無人？

2. 我的性格

我對人關心，隨時樂意助人，抑或我以自己為世界的中心，其他人都要服侍及滿足我的需要？我是一個有責任感、正義感的人，抑或是一個看風使舵、隨波逐流的人呢？我甘願做井底之蛙，閉關自守，任由生命、生活、世界在我面前溜過，抑或我曾抓住機會，增廣見聞，栽培興趣，成為一個有見地、有樂趣、心胸闊大的人？

3. 我的價值觀

我有什麼人生目標？我能接受失敗、批評，面對錯處從而改正，抑或覺得自己所做必對，他人不能干預我的思想、言語、行為呢？我對金錢、名譽、地位有什麼看法？我單注重外表、老想怎樣留個好印象給人，抑或重視個人品格的栽培，如忍耐、溫柔、愛心？

最後，我們問：**我們能成為別人的好朋友嗎？**

當我們對自己有相當程度的認識和接納後，自能推己及人。

若然一個人能以真我示人，看自己不偏不倚，接納他人意見，改正自己的短處，以愛心、忍耐待人，栽培發展興趣，享受多姿多采的人生，他自會擁有交友的條件；別人也會喜歡與他結交。

這一切都有助於提高自己的自信心及與別人建立友誼，也有智慧鞏固友誼，使對方與自己一生在友情的滋潤下成長。

小習作

1. 你認識自己嗎？

如果從來沒有想過認識自己，不妨細想以下的題目：

- 我喜歡自己嗎？
- 我的喜好是什麼？
- 我的長短處是什麼？
- 我最欣賞自己哪些方面？
- 我能接受失敗嗎？
- 我的人生目標是什麼？
- 與別人相處時，你是讓情緒控制你，抑或會嘗試控制情緒？
- 你較易流露什麼感情？又有哪些感情常隱藏在你心底？
- 你是一個好的聆聽者嗎？你有否誠實地回應你所聽到的？
- 你是否一個肯開放自己的人？當別人希望親近你時，你願意與別人談及你自己嗎？

2. 首先，填寫你眼中的自己，然後邀請一、兩個要好的朋友，分享他們眼中的你，看看有什麼相同之處？又有什麼不同？

嘗試了解為什麼你眼中的自己與他們眼中的你有這樣的不同。

認識朋友前，先認識自己，

學與自己做朋友。

跟你有多熟，我們的距離有多近

有沒有遇過一些人，相熟不久就纏住你，把自己一切私隱都盡情告訴你？

你身邊有沒有一些認識很久，甚至經常見面的人，你卻無法稱他們為朋友？

這些不自然的情況都涉及人際距離的問題，就是無法測度人際距離。合宜的社交距離是人與人之間相處時，彼此感到舒服自然的距離。

對社交距離的重要毫不覺察，毫不敏鋭的人容易侵犯別人的「私家重地」，引起摩擦，影響人際關係。一般來説，性別、性格、彼此間的吸引力及關係，直接影響人與人之間的社交距離。

我們之間的距離

不同性質的交往有不同的距離。公眾式的如講員與聽眾之間的距離大約 360 厘米或以上。社交性質的如僱主、僱員之間是 120 至 360 厘米。私人性質的如朋友，距離是 45 至 120 厘米，親密如戀人、家人、父母子女，距離有時會少於 45 厘米。

當然，這些距離不需要嚴格執行，但因各人對與別人之間的距離空間感受不同，未摸清兩人的性格及交誼深度的時候，還是謹慎為佳。

當兩個人談話的時候，若一方目光不停轉移或將頭轉往另一方向，用手肘或身體其他部分將自己與對方隔絕，冷漠，掉頭而去或藉詞遁走，顧左右而言他時，另一方就必須立即檢討一下，自己是否已侵犯了對方的「私家重地」。

不同的相處態度

若能合宜地運用交友技巧，我們就可以擴闊社交圈子，也能漸進的建立友誼的深度。

可惜，有人對友誼深度的進展步驟不清楚，操之過急；有人交友動機不正確；有人欠缺社交技巧；有人與朋友彼此間對友誼的期望不同，產生許多不必要的誤會與摩擦，對友誼損害極大。

其實，不同程度的友誼會有不同的相處態度和分享，超越應有的範圍，容易令人反感。過分熱情對待初相識的朋友，對沒有相關的人隨便談及個人私事等，都會很容易把對方嚇倒。

反過來說，與認識時間較長，接觸機會較頻密的朋友，若只談天氣、工作，不表露一點個人感受，友誼很容易停滯不前或半途中斷。

雖說相識時間的長短不一定代表友誼的深淺，若一方面選擇停留在泛泛之交的地步，另一方面也不能勉強對方繼續前進。因此，雙方對友誼的期望、層次的深度會影響兩人間的相處、交往及親密情況。

友誼層次的原則

下列的表格給我們一些有關友誼層次的原則。雖然友誼程度不能以表格方式來分析或分割，但這些原則有助我們檢討自己的交友情況：

友誼程度	合宜的行為	合宜的態度	合宜的溝通內容
初相識的朋友（偶在朋友家中、聚會、旅行中認識）	留心聆聽，保持適當的社交距離（過度親熱或疏忽會使人感到不安）。	尊重對方，真摯誠懇地認識別人，不以貌取人。	交談內容普通，只涉及生活上或雙方有興趣的事，例如自我介紹、工作、愛好等。
普通朋友	主動提議一些共同的活動。	坦誠、合宜地表達自己以增進彼此了解，關心對方的生活、喜好。	普通事物加上一些較個人性的分享，如工作或學業上的問題。
要好朋友	主動關心對方的需要和成長，有共同的活動計劃。	彼此接納，糾正錯失，發掘對方的潛能。	分享內容廣泛，有個人生活上的感受、理想和挫折。
知己朋友	可以很親密。	關注彼此的成長，互相糾正錯誤，事事為對方着想。	無所不談，不用顧忌對方對自己的印象，全面的個人分享。

小習作

1. 依據下列的社交關係圖，繪畫屬於你的社交關係圖。看看有什麼不同。

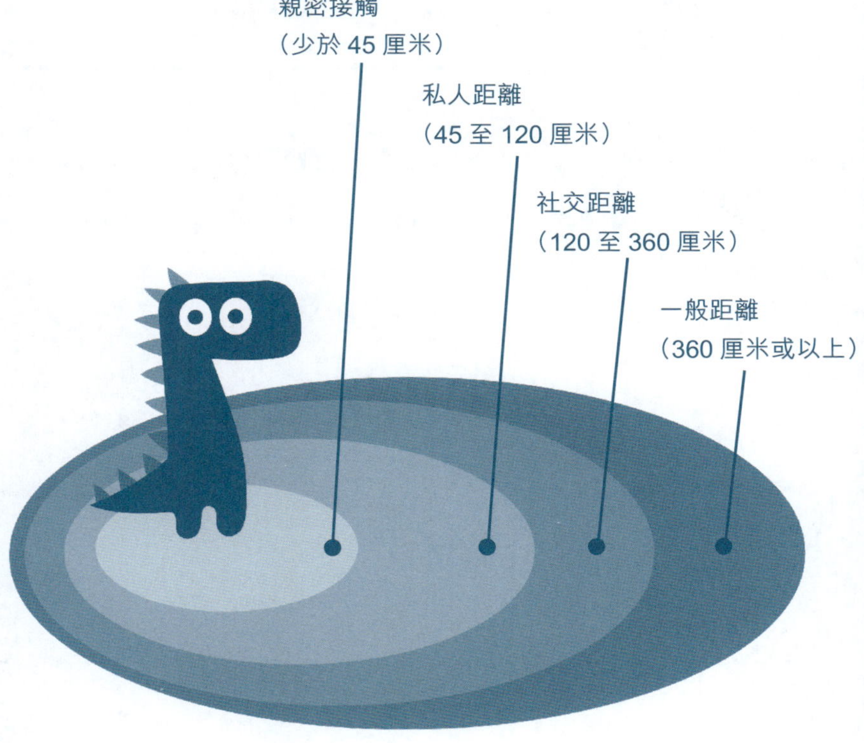

2. 檢討你的交友技巧，有否循着友誼層次發展友誼？

友誼程度	溝通內容
初相識的朋友	
普通朋友	
要好朋友	
知己朋友	

如果發現溝通內容與友誼程度不符，致使雙方尷尬，又或友誼停滯不前。下次見面時，不妨依照文中的提議（頁 28）打開話題。

不同程度的友誼，有不同的相處態度。

破解交朋友的障礙

周偉豪

外向的人一定有很多朋友？

你認識外向的朋友嗎？

他們通常健談開朗，相識滿天下，身邊的朋友團團轉。相約他們非常困難，因為他們的約會很多，時間表堆得密密麻麻，有些更自稱派對動物（party animal），跟老朋友敍舊或結識新朋友都是那麼自然得體。正值最需要朋輩認同的青少年階段，有不同的朋友對自我形象有莫大的影響。

性格內向的我，雖有幾位很投契的朋友，但曾經非常羨慕（甚至妒忌）性格外向的人，總幻想能像他們交遊廣闊。外向跟內向，究竟如何影響我們交友的數目？跟友誼的質量又有什麼關係？讓我們從心理學的角度看看。

兩種「叉電」方式

20 世紀初心理分析學者容格（Carl Jung）將人類性格分為四個兩極的向度，外向與內向屬於性格的其中一個向度。嚴格來説，我們都在這兩極之間（continuum），**沒有一個人是絕對內向或外向的，只是趨向某一端。**

容格認為內向跟外向的基本分別在於兩者獲得精力的形式不同——形像化一點，即「叉電」的方式不同。

外向的人覺得疲乏，會選擇從外在環境尋求，例如去派對跟朋友聊天吃飯，或大夥兒到主題公園玩機動遊戲；相對內向的人，他們會選擇獨處內省，如獨個兒看看書，去河邊散步恢復精力。以下是內向者和外向者一些具體的分別：

外向者	內向者
喜愛與外在環境互動	喜愛獨處內省，着重內心世界
喜愛表達	喜愛聆聽
較喜愛以電話溝通	較喜愛以文字或電郵溝通
談話速度較快	談話速度較慢
談話數量較多	談話數量較少
談話內容較外在（例如：日常資訊、簡單的表面情緒）	談話內容偏向深刻（例如：對人與事的反省、較深入的感受）
對別人的反應較不在意	別人的回饋會放在心裏

根據粗略統計，世界上每四個人有三個是外向者，一個是內向者。從人口的比例以及兩者的分別，不難明白為何外向者會有較多朋友。**雖然容格的性格理論認為外向與內向沒有好壞之分，但在這個以外向者為主流的社會，內向者往往被認為不善交際、害羞，甚至是能力較低的一羣。**

內向＝能力較低？

我是內向的人。對內向和外向的誤解，令我從小對自己的性格有很多不滿，覺得自己拙口笨舌，不像其他人那麼健談。

大學期間為了訓練自己更為外向，試過把不同的社交活動填滿所有課餘時間，又跑去劇團應徵演員……但那種格格不入的感覺卻愈來愈強烈，令自己更欠缺信心。

直到上了神學院讀心理輔導，做了一個性格測驗。老師提到每個人的性格各有不同，好像有人生來慣用右手或左手。本是左撇子，強行用右手寫字會如何呢？她着我們用不慣用的手抄寫一段文章，再問我們的感受。當我們大家看着手上歪歪斜斜的字時，不禁感到一陣挫敗和沮喪，而且手指的肌肉因力度控制不佳而感到痠痛，有同學更輕微抽筋！

從那一刻，我開始學習接納自己的性格。回想自己雖然朋友不多，但都是深交，我們會談人生目標、現實與理想的掙扎、分享脆弱和陰暗的一面、一起流淚祈禱、在對方有困難時隨傳隨到、義無反顧的同行……我不禁要感謝天父賜我這幾個知心友，讓我們可以深刻的彼此分享生命。

朋友，除了數量，還有質量。交友的深度和闊度同樣重要，讓我們努力在當中找到平衡，而不是以朋友的多寡定義自己。

小習作

1. 根據文章對外向和內向者的描述，你屬於哪一類型？你的性格如何影響你交友的情況？

2. 你有多少個好朋友？

   其實，朋友不需很多。杜克大學（Duke University）在 2001 年的研究指出，擁有少於四位好朋友的心臟病患者在四年內死於心臟病的機會較一般患者高一倍；有四位或以上好朋友的壽命和存活率則遠高於只有四位以下好朋友的人士。

   另外，又有研究顯示有五位或以上好朋友的人，延長生命比率是相同的。因此，有人提議應該集中心力培養四個好朋友。你認同嗎？就友誼的闊度和深度，你偏重哪一邊？為什麼？

內向者與外向者同樣可以交到朋友。

太內向，不知怎與人溝通

中學時期，我就讀男校，暑期曾獨自一人參加南華會的網球訓練班。第一天上課，有一個跟我年紀相約的女孩走過來自我介紹，並問我叫什麼名字。這個簡單的問題，竟難倒我這個靦腆的男校生。吞吞吐吐說了自己的名字後，竟不懂得如何接下去。

女孩面露疑惑的表情，過了良久，我才笨拙地問：「你叫咩名呀？」這粗魯的問題最終把她嚇跑。事後我十分懊悔，氣自己竟把一個認識朋友的機會搞砸了。

即使是性格善良的人，也要有良好的溝通技巧才能好好的與人連繫。看過〈外向的人一定有很多朋友？〉一文，相信大家都能了解外向和內向者對交友形式的不同，當中沒有好壞高低之分，重點在於如何善用自己擅長的溝通方式。

容格認為，無論外向抑或內向，都需要用心培育，否則都有機會走向不健康的方向。不少人對內向者有普遍的誤解，主要是針對內向者不健康發展的情況。

內向者＝怕醜仔？孤僻鬼？

羞恥感（shame）是情緒的一種。根據心理社交發展（Psycho-social development）的研究，孩童因着成人教導的標準（norm），在一歲半時開始留意自己的表現。如果未能達到社會的期望（或父母的認可），就會產生羞恥的感覺。這種因客體的反應而引致的自我覺察（objective self-awareness），鞭策我們自發地做得更好。相比起屬於社會主流的外向者，**當內向者察覺自己較被動（如較難打開話匣子）、説話少、反應較慢的時候，就會有種給比下去和被孤立的感覺。**

外向者是一邊説話一邊思考的，但內向者要想清楚才説話，這種溝通的分別往往導致誤會。外向者覺得內向者説話處處有保留不夠真誠，內向者往往會把不理想的情況內化（internalize）成自己的責任（例如覺得自己真的比別人遲鈍），對自己的表現「未如理想」而感到內疚。這些誤會很少有機會説清楚，而內向者傾向把這些負面經驗放在心裏反復思量，久而久之，別人的一個困惑眼神或追問往往令內向者產生被拒絕的過敏反應，甚至感到被傷害而形成孤僻的性格。

細心的觀察者

我也曾因此而感到十分沮喪。有一次，我終於鼓起勇氣詢問教會較熟的朋友對我的看法，他們的回應令我很受鼓舞：「雖然你說話不多，但跟你傾談的時候，我感到很舒服，你會耐心聆聽，而你的回應往往很有洞見，給我很好的提醒。」

從正面來看，被動反映內向者偏向以接收（receptive）為溝通的主要狀態，因此他們大都是耐心的聆聽者；說話少令內向者把更多的注意力放在對方的身體語言，因此他們也是細心的觀察者，兩者令內向者掌握到更全面和深入的溝通資訊。

根據詹森博士（Dr. Johnson）在《美國精神病學期刊》（*American Journal of Psychiatry*）發表有關性格外向 / 內向者腦功能的研究報告，指出當內向者處理資訊時，大量血液會流到腦部，包括回憶、解決問題和計劃的區域，路線亦較外向者複雜和深刻。因此，內向者在交談中反應較慢，是因為他們正在深思，把對話內容跟長期記憶區的經驗互相對照，並從多方面分析和判斷。這需要很多的精力和較長的處理時間，但給予的回應卻較深入和全面。

優秀內向者四個心法

性格內向者要學懂怎樣與人好好溝通，第一步正要檢視自己是否走在不健康的發展方向。**透過了解外向者和內向者之間的誤解，去除不必要的內疚和羞愧感；其次，接納自己性格的限制並作出適度的改善，雖然內向者不能變成外向者，但可以學習和鍛練得較為外向，更重要的是努力發展內向者在溝通時所擁有的優勢。**至於內向者如何改善溝通技巧，可參考〈怎樣與人打開話題〉。

最後，送給各位優秀的內向者四個心法：

- Listener：做個耐心的聆聽者，別人會很感激你的。
- Eye contact：談話的時候跟對方保持眼神接觸，讓對方感到你對他 / 她的在意。
- Smile：保持微笑，讓分享的人感到被接納。

- Short response：對方往往不需要長篇累贅的回應，言簡意賅的回應往往令對方獲益良多。

溝通是雙向的，有講也有聽，只是比例不同。內向者安心地在溝通中說少一些（LESS），這比勉強自己說很多話更能促進美好的交流。

小習作

1. 嘗試把優秀內向者的四個溝通心法（LESS）應用在朋友的傾談之中，然後：

   - 回想一下自己當時的經驗。例：對片刻的靜默（dead air）感到很不舒服，有沒有「無論如何都說些話」的衝動？
   - 詢問對方的回饋。例：對方的觀感，是否自然、感到舒服嗎？有什麼地方可改善？

內向者是耐心的聆聽者，

深思熟慮的朋友。

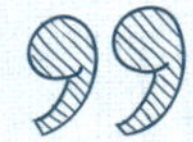

怎樣與人打開話題（上）

一位朋友分享最近他渡過了一個難耐的晚上。

事緣他一位很要好的舊同事結婚，即使完全不認識舊同事的其他親友，也決定單人赴宴。到達酒店，在等候入席的時候，看見其他親友三五成羣地談天，令他渾身不自在，只好以手機為伴。

待坐席後，鄰坐的都是同事的大學同學，熱烈地分享過往一起上課的快樂回憶。他心裏盤算是否該嘗試進入他們的圈子，但苦思良久也想不到方法。掙扎了一陣子後，他選擇投降，繼續把玩手機，最後在宴席的中途選擇提早離場。

可能以上的情況較獨特，但面對初相識的朋友，甚至是陌生人，你曾否也感到頭腦一片空白，或滿腦子為尋找合適的開場白而苦惱？Dead air 一般令大家有點尷尬，如果當中有較健談的人，情況或會自然一點。然而，當你事後回想，或不明白為什麼對你來說，打開話匣子這樣困難，其他人卻是如此自然輕鬆、輕而易舉？

內向者的求生術

讀過〈太內向，不知怎與人溝通〉一文，讀者大概會認為我的朋友很可能屬於內向性格的人。**性格內向者的溝通模式偏向接收，加上他們普遍是細心的觀察者，對新朋友的反應往往較敏銳，有時甚至因過度敏感而把想說的話題吞回去，怕說錯什麼，得罪別人。**

儘管如此，改變還是有可能的。〈太內向，不知怎與人溝通〉已簡單介紹內向者的溝通模式和一些溝通技巧的小建議，接下來會分享如何改善溝通技巧。

心理學家瑪蒂蘭妮（Marti O. Laney）在《內向者求生術》（*The Introvert Advantage: How to Thrive in an Extrovert World*）一書中提及，要打開話題其中一個先決條件是有一個輕鬆的氣氛，而內向者往往未能意識隨便的閒談是可以學習的技巧。蘭妮認為，隨便的閒談由四個部分組成：開始、維持、過渡和結束。

讓我們先看看首兩個部分：

1. 開始

這階段可分為兩種情況，第一種是雙方還未展開談話的時候，如對方正一個人站着或坐在一旁；第二種是要進入正在談話的羣體當中。

前者可以以身外事物為談話的素材，打開話題，例如會場的環境、當天活動的情況等。以身外的事物作對話的開始，可減低威脅和壓迫感，尤其是對着新相識的朋友。

「這裏的小食很特別，你有試過嗎？」

「今天的講座很多人參加啊！」

如果聽到一個羣體正在傾談某一話題，可以以微笑和眼神表達你對話題的興趣，站在羣體身邊留心聆聽，也讓他們看見你的加入。稍後如有合適的情況，你可承接剛才的主題，提出一些開放式、中立的問題，有助邀請其他人與你交談。

「你剛才提及的樂曲是哪位作曲家的作品？」

在聚會中也可以透過一些共同認識的朋友（mutual friend）簡單介紹自己，建立最初步的連繫。

「Hi，我叫 Chris，是新郎設計公司的舊同事。」

2. 維持

在建立最初步的聯繫後，可以就以上所談及的事或人作進一步的發展，避免對話無疾而終。內容可包括發表一些簡單的評論，或問一些啟發性的問題，讓對方可以發表意見；也可通過之前的人際背景再加以發展。

「協奏曲尾段很精彩，你覺得如何？」

「新郎在舊公司很有拼勁，我們很多時並肩作戰，一起加班。」

在之前的交談中，你們或已發掘了幾個話題。當其中一個話題談到尾聲，若覺得對方仍有興致，可以嘗試轉移話題。**在會面前多做一些準備，例如留意近期的新聞話題、大熱電影、新潮玩意等，在這時候就可大派用場。**

「剛才大提琴拉奏的旋律跟某電影主題曲相似。你有看過嗎？」

以上分享的兩個部分，旨在打開話匣子，透過共同的人際網絡、不同的話題等建立初步的連繫；至於如何進展至較深的溝通，以及好好的結束，製造良好印象，增加雙方將來繼續聯絡的機會的內容，請參看〈怎樣與人打開話題（下）〉。

小習作

1. 嘗試在以下兩個處境應用溝通技巧「開始」和「維持」的建議：

- 雙方都未展開談話的時候；
- 要進入正在談話的羣體當中。

然後，作事後評估。

- 回想當時自己的經驗和表現。例：聲線，速度和肢體語言等是否自然？對方的回應給你的觀感正面嗎？
- 如果有相熟朋友在場，可直接詢問他們的回饋。例：對方的觀感，表現是否自然，感到舒服嗎？有什麼地方可改善？

建議以上的練習可從相熟的朋友開始，再嘗試應用在初相識或陌生的羣體。

打開話題是可以學習的，

勇氣以外，還需要技巧。

怎樣與人打開話題(下)

在〈怎樣與人打開話題(上)〉提及在打開話題的初期階段要注意的地方和建議，至於如何在短短的談話中進深溝通，從身外物過渡到較「埋身」的分享？如何好好的結束對話，以增加將來繼續聯絡的機會？

以下向大家分享打開話題技巧餘下的兩個部分。

3. 過渡(進深)

承接上一篇探討打開話題的「開始」和「維持」兩部分，**如果某一主題談得投契，可再作較深入的發展，方向會指向較個人化的層次。**以下是一些例句：

「你和新郎也是做設計嗎？」

「剛才聽說你曾在維也納進修音樂，可以跟我分享多一點嗎？」

據統計，站着聊天的平均談話時間是 20 分鐘。時間差不多的時候，我們該留意對方有否發出結束談話的訊號，如雙方無話可説，有點停滯不舒服的感覺、對方開始四處張望，甚至打呵欠、身體開始後傾，雙手交叉，從正面相向轉為側面向你，或對方腳尖已不再指向你等，這些微小的動作都表示他想離開。

另外，須要注意的是，當你發覺對方喜愛打聽私隱，也該藉此結束對話。

4. 結束

如果是對方先提出結束，內向者不要自責，認為自己説錯話。因為很多時候是因為對方真的累了，離開是自然的反應。

若你察覺對方有結束對話的信號，不妨結束對話，讓對方離開：

「很高興跟你聊天，有機會再見。」

「很開心認識你，保持聯絡啊。」

如果你主動想結束談話，可説一些簡單的告別話：

「很高興跟你聊天，但我看見新人在那邊，想找他們拍個照。」

「我很享受今晚的傾談，但我差不多要回家照顧孩子，有機會再聯絡。」

「抱歉，我想拿杯飲品，遲些再傾。」

如果覺得雙方談得投契，可以留下自己的名片，或交換電話號碼，再作聯絡。

溝通是一門高深的藝術，除了需要耐心聆聽，也要細心觀察對方的語氣、面部表情和身體語言的微妙變化。以上提供的只是概括的步驟指引，在現實互動中需要隨機應變，累積經驗，令自己表現愈來愈自然。如身邊有相熟的朋友，他們的回饋也是十分有幫助的。盼望大家能輕鬆練習，好好享受認識新朋友的時光。

小習作

1. 結合〈怎樣與人打開話題（上）〉和本篇的建議，嘗試在以下兩個處境應用溝通技巧的四個進程（開始、維持、過渡和結束）的建議：

   - 結識新朋友的聚會。
   - 舊朋友的會面。

   然後，作事後評估：

   - 回想當時自己在四個階段的表現。例：對話大概維持了多少分鐘？聲線、速度和肢體語言等是否自然？可從對方的面部表情、語調等略知一二。
   - 詢問在場相熟朋友的回饋。例：對方的觀感、表現是否自然、感到舒服嗎？有什麼地方可改善？

建議以上的練習可從較相熟的朋友開始，再嘗試應用在初相識或陌生的羣體。

溝通是一門高深的藝術，

懂得如何開始，也要知道何時結束。

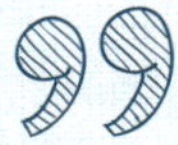

朋友·男女朋友

譚秀薇、詹維明、劉誠、林孟平

＊本部分選輯自譚秀薇、詹維明《約會》和劉誠、林孟平《從友誼到戀愛》，重新編輯修訂。

男女可以成為真朋友？

每一代的年輕人都有這個疑問：男女之間能否存在真正的友誼？

有些人站出來，訴說他們成功的經驗；有些人卻不置可否。

曾經，見過不少投契的男女，本是一對好朋友，後來一方愛上另一方。奈何，一方有意，一方無心；結果，被愛那一方甚為尷尬，動情的一方感情沒有着落。二人漸漸從無所不談的好朋友，愈來愈避忌，連朋友也做不成。

這一道問題，的確困擾很多人，但沒有人能提供一個斬釘截鐵的答案，因為答案可以是「能」或「不能」。**這視乎他們是在哪一個年齡階段，友誼到達哪一個層次，以及雙方對這段友誼抱持哪一種心態。**

少年人情竇初開，對愛情有美麗的憧憬，容易將每一個稍為接近自己的異性美化為公主或王子，感情動盪，不能自已；因此這個時期的青少年必須學習辨別，分辨自己是在友誼階段抑或在迷戀的意識裏。

這時候，最好避免太多單獨相處的場合，多參與羣體生活，使友誼自然發展。當然，有人與在青少年階段所結交的異性朋友一直保持友誼，終生不斷，但這需要謹慎和智慧慢慢栽培友誼。

初職青年，學業告一段落，事業開始上軌道。因着生理、心理上的催逼，求偶心切，這個時期結交異性，容易把對方視為婚姻對象的候選人。

假若兩人之間交往頻密，一方抱着求偶心態，一方心思單純，以得好友為樂，雙方關係交代不清楚的時候，很容易令某一方心靈受損，甚或受不起這個打擊，一蹶不振。因此，這個時期的異性交往，最好坦白表明心態，不使某一方有不適當的期望，以致朋友交不成，反令人受累。

晚熟青年，婚姻、事業皆穩定。這個時期最好不要單方面結交異性，若夫婦二人共同認識這位朋友，可以避免夫妻之間的糾紛及遠離試探。

未婚者也應該有智慧，不與已婚的異性單獨交往，儘量認識對方的配偶，這樣的友誼才能正常發展不致偏歪。

問題主要不在異性之間是否可以建立友誼，關鍵在乎當事人能否處理這段情誼，使之永遠留在友愛的地步，而不讓雙方或任何一方陷入更深的感情裏。

健康正常的友誼使人生更充實，能學習分享與分擔的真正意義。不正常的異性交往不單自己痛苦，同時更牽連其他與自己有關的人痛苦及受累。

小習作

1. 你有要好的異性朋友嗎？

   若然有，嘗試回答以下問題：

   - 你們是何時認識？
   - 什麼原因使你們相熟？
   - 你對他 / 她與同性朋友有什麼分別嗎？
   - 與他 / 她的相處，有沒有影響你與男 / 女朋友的關係？

2. 你接受男 / 女朋友有要好的異性朋友嗎？為什麼？

異性與同性朋友一般，

可以豐富人生，學習分享分擔。

分不清朋友還是戀人

有一對男女在工作場所認識。兩人學歷相同，工作性質相近，談起來非常投契。後來，女方突然反目，甚至不願與男方説話，連工作上的溝通也要勞動其他同事傳話；男方卻對此一臉迷惘。

後來，發現原來女方誤以為男生想追求她，後來看見男生與另一女同事拍拖，怒火中燒，感到受騙。不久，二人都辭職收場。

許多人將友誼，特別是男女之間的友誼與愛情混淆，因而產生許多不必要的困擾。假如我們對自己付給對方的感情有所認識，又或認知對方的感情，就可避免不必要的痛苦與難過，更不必花太多時間造夢。

喜歡

喜歡一個人是對那人有不錯或良好的印象，這個印象可能是很主觀和片面的。當我們對某一個人有好的評價、尊敬、信任，並且與他志同道合，友誼就產生了。換句話説，有了喜歡才會有友誼。

浪漫的感受

這是一種情感上對異性強烈的依附，主要是受對方外表吸引，產生一種含有性愛的興趣，整個身心都渴慕他，希望能與這個對象常在一起。

《現代高級英漢雙解辭典》給浪漫的解釋是「不平凡或幻想的」、「過於着重情感」。由此可見，這種感受給人一種不切實際、飄渺的感覺。

浪漫的感受並非虛構、幻想或錯誤，它是實在感受得到的；不過，單憑這種感受，維持的友誼不會經得起時間的撓折和考驗，因為它將對方美化，成為一個完美的形象，而這未必與現實相符。

總想在一起

愛情是深深的被對方吸引，彼此希望能永遠在一起分享溝通；有時有說不盡的話，有時又盡在不言中；彼此關懷、接納、信任，強烈的渴慕能互相依附；彼此願意為對方做有益的事，快樂時彼此分享，失望、痛苦時彼此分擔；內心感覺彼此在心靈上深深的契合，不用懼怕把心中的感受向對方傾訴，表達自己對對方的感情，在對方面前可以表露真我。

愛情使人成為更完全的個體，兩人相輔相成，發掘對方的優點，善用自身的長處補對方的不足。可以說，愛情有時是一種助力，幫助人向上，為前途奮鬥，栽培自己成為對己對人都有用的人。

來去匆匆的迷戀

迷戀產生於一剎那之間，是一種不可名狀、不可理解的熱情——對方給自己一個特別的印象，內心情緒上的一個急劇弦動。

迷戀主要是受外表吸引，產生傾慕，將對象美化，滿足個人期望墮入愛河的感受，但這種感受來得快也消失得快，有時久久不離，使人心神不寧，但若實際研究一下，就知道迷戀與愛情實際上很不同。

對很多人來説，愛情與喜歡或者相似，但其實不一樣。最重要的一點是，愛情只能集中在一個人身上，而喜歡卻能不限對象。

有人或者略過友誼，直接墜進愛情當中，但有更多人從喜歡開始，培養了友誼，再從友誼慢慢發展至愛情，這樣雙方的關係就有一個穩固基礎，以至成長的機會。隨着時間，大家的感情愈來愈濃烈，不像浪漫的感受、迷戀般發生於剎那間，突然出現，又瞬即消逝，而是穩定、長久，令人安心。

小習作

1. 下列表格列出了「愛情」與「朋友」的分別。你與異性交朋友時，能認清彼此的感情嗎？有沒有試過混淆？

愛情	朋友
經時間的栽培，浪漫的感受或會減退，但情意愈久愈濃。	經時間的栽培，發展愈久情意愈濃。
只集中於一個人身上。	不限對象。
以對方的好處為中心，不會勉強對方做不願意的事。	學習體諒別人，不會勉強對方做不願意的事。
彼此信任，對兩人感情的進深及持久充滿信心和盼望。	認識日子愈久，感情進深，達至彼此信任。
會美化對方，但知道也接納對方的缺點。	知道也接納對方的缺點。
會被外表吸引，但並不是相愛的主要原因。	外表或會影響第一印象，但不影響二人成為朋友；性格才是主要原因。
被對方深深吸引，希望經常與對方一起。	不需要常常見面，但一見就極為投契。

喜歡才可以產生友誼。

我們是在戀愛中嗎？

「我們是在戀愛中嗎？」這可不是一下子就可以得到答案的問題。

男女間的愛情是一種感受，一種情操，也是一種藝術，需要親自去經驗、體會、學習、栽培與保護。

要分辨兩個人是否正在戀愛，實在要經歷一個過程，其中牽涉的廣而複雜，也沒有肯定的準繩來量度。在這個過程中，懂得愛與被愛，實在是一個先決條件。

什麼是愛？

一個人要能愛人與被愛，首先自己要先經歷愛，清楚什麼是愛。不少人不能愛人與被愛，是因為在成長過程中，缺乏了父母、兄弟姊妹或親朋之愛，因而往往否定了愛的存在，或對愛感到模糊飄渺，故此要加倍的努力認識、摸索何謂愛和體驗愛。

愛人之前，先要自愛

一個自愛的人，才能正確地去愛人，才可以享受愈久彌新的愛情和經歷在愛中的成長。相反地，憎惡自己、不接納自己、缺乏安全感的人，不肯也不敢去愛人和被愛。

他脆弱的自我形象令他覺得不配得到愛，也沒有能力接受愛、溫情和任何關心的表示，因為他缺乏自信，以致對他人的愛產生疑懼，更怕因付出愛而受傷害。

每一個人都需要愛

一個自滿或感到完全自足的人可能會愛人，但卻不會愛得很深。

他可能有不少泛泛之交，但很難有深交，更難與異性建立親密的戀愛關係，因為他不像其他人有「被人需要」的想望，他的自足使他不能有深度地付出和接受愛。

可惜，這種人感到自滿自足，往往是自欺欺人。由於自己對生活體驗的膚淺，他的不成熟和自我中心令他自滿與驕傲，局限了他對生活的投入，也剝削了他享受愛的機會。

情願孤單

當一個人極端專注於事業與理想時，可能沒有餘力以深切的愛與另一個人聯繫。固然，我們不能否定有些人可能確有其獨特的天賦以致如此，但也很可能由於他在情感方面極端缺乏安全感，於是不自覺地以追求名利或理想所得的滿足，或別人的恭維諂媚來替代愛。如此，他往往要在自己一手造成的孤單與空寂中感到困苦。

一個成長上殘缺的人，往往不覺得，也不肯與他人分享生命。自私令他只能獨享所有，自我中心也會令他不能承擔戀愛與婚姻所帶來的責任。當然，他極難有作出委身的勇氣。

真正的愛，是沒有條件的

有時，我們會用許多條件訂定愛的取捨，如成熟程度、信仰、學歷、背景、興趣等，可是這些只能增添個人的光彩。其實，訂下許多條件、標準來核定戀愛對象，來裝飾、來證實自己，是錯誤的態度。別帶着利害的觀念來「戀愛」，也千萬不要將基礎輕重倒置了！

愛情之美，是彼此能為對方的好處而放棄自己的意見和權利。愛情之珍貴，是彼此不但欣賞對方的長處，也接納了對方的不完美和欠缺。在這種心態中，愛情才會發芽生長，才可能成熟結實。

小習作

1. 你是自愛的人嗎？

   • 你覺得自己可愛嗎？

   • 你接納自己的缺點？

   • 如果別人説愛你，你能接受嗎？

2. 美國心理學家 Robert Sternberg 的愛情三角論（Triangular Theory of Love），提出真正愛情有三大元素：激情（passion）、親密（intimacy）和承諾（commitment）。

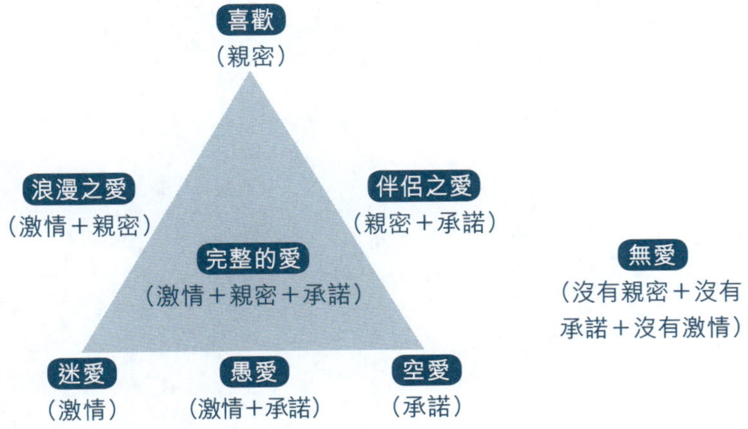

「喜歡」被 Sternberg 認為是真正的友誼，「完整的愛」則是大多人追求的愛情境界。

你與他 / 她屬於哪一種呢？

即使愛情，也必然有着友情的成分。
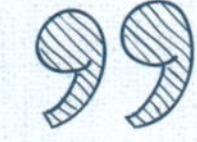

在友情與愛情之間

倘若你認為你已懂得愛的真諦，也有能力，同時也願意去愛與被愛，就讓我們再回到原先的問題：「我們是在戀愛中嗎？」

要知道自己是否愛上一個人，不是一件太困難的事，但要清楚雙方是否同在愛中，卻不是太容易的事。可是，透過雙方的行為、態度、溝通，我們可以透過一些「指標」來作衡量。

兩情相悅時，既然局外人也可以一目了然，當事人絕對不可能是全無感應的。

愛的發展程式

男女交往進入愛的階段，往往會產生一種排外性，一旦有第三者闖入，就會產生嫉妒。正如席勒（Friedrich Schiller）說：

「愛情的領域非常小，它只能包容兩個人生存；如果你同時愛上了幾個人，那只是感情上的遊戲，不能稱其為真正的愛情。」

彼此有愛的回應，是慢慢培養的，具持久性，時間愈長，愛情愈濃愈厚愈穩固。

渴望與對方同在一起，因此雙方會主動地將自己的社交生活作適度的調節，主動為對方留下時間，以便有機會享受彼此的共處，因為對方帶來共處的愉悦與滿足是他人無法取代的。

有着思想、感受上的親密，於是產生深刻的默契、共鳴與同感，故此兩人能同心關心一個人或一件事，或肩負同一理想，憂戚與共地面對生活。

在交往中，往往為對方着想，故意產生積極的功能，彼此扶助對方成長。

基於一份全然的安全感、信任與坦誠，相處時大家可以享受一種無忌的坦然、樂趣與安穩。欣然讓對方成為自己生活、生命的一部分。在適當的時期，大家會計劃結婚，組識家庭。

愛，使人完善

戀愛的目標固然是婚姻，不過在戀愛過程中，我們也有所學習。愛像一面鏡子，叫我們更加看清自己，看清楚自己的長處和短處。在愛中我們會有勇氣改善、減弱，甚至除去自己的短處，同時更有機會加強個人的長處。這種積極的態度和行動，會令我們變得更加可愛，也覺得自己可愛。

許多時候，我們的痛苦是由於跳不出自己的生命圈子，更跳不進別人的生命圈子，如今在愛中，我們有機會學習與人接觸、交往，嘗試接納對方，也確切的經歷別人對自己的接納和尊重，在相互感染中生命會變得可愛，在愛中彼此更能產生互建的功能，使自己及別人更成長更完美。

隨着兩人戀愛成熟，在穩固的根基上，兩人可以有能力分支出去，更能關注和愛護周圍的人和其他事物。

簡單來說，**戀愛除了達到婚姻的目的外，我們可以在其過程中學習了解自己、了解別人，經歷成長，也學習與別人一同生活。對自己認識更深，體會到人際關係的微妙和精髓，也學習與一位異性建立親密的關係，透過關係的進深，探索彼此委身的可能。**

羅曼羅蘭（Romain Rolland）說：「倘若一個人之所以被愛，是因他本身的價值，而不是那奇妙而寬容的愛情，那末夠得上被愛的人也沒有幾個了。」

愛情，無論你看它始終保有的那一抹玫瑰色彩，無論你看它天天保有的清新與美好，無論你看它如前述的複雜而豐盛，或如羅曼羅蘭所言的奇妙而寬容，它的確是一種需要學習的情操。在這學習的過程中，我們可以更加經歷生活投入帶來的甜美與充實。

小習作

1. 若你未婚，試列舉理想配偶的條件：

- 年齡：________________
- 職業：________________
- 外貌：________________
- 能力：________________
- 性格：________________
- 教育：________________
- 興趣：________________
- 國籍：________________

有可能在現實中尋找這個人嗎？

2. 如果目前你已有知心的異性朋友或戀人，請對你的生活和時間分配作一個檢討：

生活分類	目前情況	每週所花時間	滿意嗎？ 如何改善？
參與教會聚會			
與他 / 她的相處			
與家人相處			
與其他朋友接觸			
進修或功課進度			
休息、康樂時間			
獨處的時間			

戀愛讓我們在過程中學習了解自己、

了解別人，經歷成長，

也學習與別人一同生活。

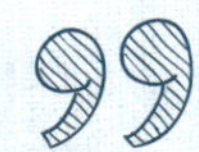

約會不是談戀愛

一名男生多次邀約一名女生外出遊玩。

女生感到男生動機不明，多次拒絕。後來，男生開始拍拖，女生非常忿怒和不解，質問男生為何多次約會她，又與其他女生交往？

男生表示，約會不是什麼，是你誤會吧？女生感到莫名的傷害，男生又感到百詞莫辯。

朋友相處必定會相約遊玩，異性朋友相約外出也是平凡不過的事。不過，不同的人會在約會上遇到不同的困難。或在約會以前、約會當中，甚至整個感情向前發展的階段，都會出現問題。**基本上，約會是人與人的相處，所以約會者的性格、背景和成熟程度，都與他所遇的困難有直接關係。**

在社交場合中，特別在約會的時候，許多個人性格上的特徵、處世的經驗、對男女心理生理的知識，以及人生觀等，都會成為令人裹足不前的因素，影響邀約或應約的決定。

性格如何約會也如何

1. 過度內向

性格過度內向、退縮或含蓄的人，經常沉默寡言，少與人交往，沒有從錯誤中學習，從正確中尋求改善的機會，往往因為缺乏社交經驗，逃避正常、合宜的社交約會，惡性循環，愈來愈孤獨。

2. 自尊心強、自卑感強

有些人自尊心強，不能接受自己認為是失敗的事；有些則自卑感強，常覺比不上他人。他們大多數不敢主動提出約會，怕被對方拒絕，而自卑感強的人有時不敢接受他人的邀請，恐怕在約會中被對方發覺自己一無是處。

對男女相處沒有正確態度的人，怕被人看見與異性一起，也不敢公開約會，擔心別人言語的渲染對自己構成壓力。

3. 缺乏溝通、相處技巧

缺乏溝通技巧的人，不懂得如何開口約會。即使約會了，也缺乏話題，遲疑不敢表達自己對對方的感受或好感。另外，缺乏相處技巧的人也有難處，有時未肯定對方的反應，就投入太多的感情，但當感情發展至一個地步就停滯不前，不曉得如何更進一步。

有些人只顧及屬靈或理性方面的投機，疏忽了人還有其他方面的感受和需要，兩人之間的相處只屬片面，未能全面的互相溝通。

許多基督徒不大明白《聖經》對戀愛、婚姻的看法，對神的旨意的真正意義摸不着頭腦，單憑自己的心意或四周的人對自己所加予的壓力開始約會，結果在信仰和生活上產生不少問題。

有人因社交圈子或教會沒有太多基督徒男子或女子，缺少機會認識異性，更談不上約會。

有些人對男女心理、生理沒有正確知識，對親密程度的影響缺乏認識，不了解友誼有不同的層次，容易在約會中令對方或自己尷尬、誤會及產生罪咎感。

有些人害怕表達自己，甚至害怕與異性有合宜社交，寧願掛着一副「我不稀罕異性朋友」的面具，以冷酷的態度拒人於外，而不肯處理及糾正自己與人接觸時的不安和學習以大方的態度與人交往。

大大方方去約會

這裏先以一般情況為基礎討論異性朋友的約會。提出約會的一方要清楚、具體地邀請對方，如「我哥哥送了兩張星期六晚的演唱會門券給我，我希望請你一起去，你有時間嗎？」

接受邀請或拒絕邀請都應該具體清楚。被邀請的一方若認為適宜應約，可以大方地接納，並商量約會的細節、步驟及見面的時間地點。「我很喜歡那個歌手，星期六晚剛好有空，我願意接受你的邀請。」

倘若因某種原因暫時不能決定是否接受邀請，可以解釋及給予一個明確時間作答覆。「我很想去，但我跟舊同學暫定在星期六吃飯。不過，有幾個人有約在先，未知能否如期舉行，明天他們會通知我，我明晚再答覆你，好嗎？」

若因某種原因不能應約，則應該給予清楚的答案。「謝謝你的邀請，要不是約了朋友，我很高興和你一起去的。」

若你認為暫時不適宜單獨約會，最好不要用藉口或拖延手法拒絕，清楚説明自己的看法會減低對方被拒的感受，令對方知道你拒絕的是約會而不是提出約會的人。「謝謝你的邀請，不過我暫時還未想與任何人約會，希望你不會見怪。」只要婉轉表達自己的立場，便可以減少對方的難堪。

雖然約會多了，雙方的確有可能進入戀愛的階段，但約會不等於戀愛。而且，男女雙方都應當明白一次的約會，不保證以後會繼續約會，這只是一次讓大家了解對方的機會。

因着交情的不同，人與人之間有不同的社交距離，約會的時候應該按着友誼的層次，保持合宜的距離，切忌過分親熱，拉手、搭肩都不是普通朋友的行為。

還想一起外出嗎？

一般來説，約會之後是最尷尬、最容易引起不快情緒的時刻，因為許多人都忽略約會後的感受。男女約會前通常會用許多時間準備，心中盤算和計劃自己該有的表現和說話等。待緊張的約會過去後，整個人放鬆下來，好像事情已過去，但事情又似乎尚未真正完結，內心仍然緊張，覺得事情未曾交待清楚。

最佳的處理方法是男女各自檢討該次約會，然後決定是否再提出約會或應約。

無論決定繼續或停止約會都需要有個交代。毫無表示的態度，會令對方感到不被尊重，破壞雙方的感情，連朋友也做不成。

若無其事的樣子，對方會覺得被冷落，感到憤怒；避免碰頭的機會，見面客客氣氣，對方容易產生被拒絕及自卑的心理；見面時很隔膜的樣子，對方會感到尷尬，同時亦浪費雙方的感情。

因此，約會後最好能透過網絡通訊、電話交談或面對面給對方一個表示，謝謝對方的約會。若希望繼續有約會，則可以說明希望有機會更深入認識，這樣可以保持合宜的交情，避免不愉快的情緒。

小習作

1. 你是性格內向、自尊心強 / 自卑感強，又或缺乏溝通、相處技巧的人嗎？

   這些性格有沒有影響你的約會？

2. 上文提到約會以後，雙方可以各自檢討。

   檢討內容可參考下列題目：

   - 我和他 / 她一起時是否自然？
   - 他 / 她在行為和言談上是否大方、有內容？他 / 她是否尊重我？
   - 他 / 她什麼方面最吸引我？
   - 這次約會使我們在思想、感受方面接近了，抑或在身體接觸上接近了？
   - 如果他 / 她再約我，我會否應約？又或，我會否再約他 / 她？為什麼？

約會可以是單純加深友誼，

卻不等於戀愛。

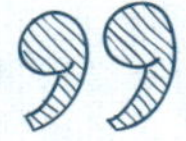

誰是我的朋友？

周偉豪、廖暉清

職場無朋友？

大家有看過電影《莫扎特傳》（*Amadeus*）嗎？

這套於 1984 年上映，由美國導演米洛斯福曼（Milos Forman）所執導的電影，描述音樂神童莫扎特傳奇的一生。戲中令我印象最深刻的角色不是莫扎特，反而是宮廷作曲家安東尼奧薩列里（Antonio Salieri）。

薩列里自小熱愛音樂，加上他的努力，終於當上奧地利皇室的宮廷作曲家；但是天意弄人，薩列里的光輝時代不久就被光芒四射的天才音樂家莫扎特蓋過。面對這位新「同事」，薩列里對莫扎特愈來愈不滿。

1781 年，薩列里苦心創作了一首《歡迎進行曲》以覲見皇帝，但莫扎特聽了一遍之後，馬上「改進」，最後成為他的歌劇《費加洛婚禮》（*Le Nozze di Figaro*）中的進行曲。

薩列里的嫉妒不斷累積，最終播下殺機，用詭計迫使已病重的莫扎特通宵達旦地創作《D 小調安魂彌撒曲》（*The Requiem Mass in D minor*），令他精力耗盡而死。

姑勿論故事內容是否屬實，但「職場無朋友」這句話彷彿印證了莫扎特和薩列里之間的關係，也成為工作之間的金科玉律。大家可能也見過一些同事剛入職時稱兄道弟，最後因上司晉升其中一位而令二人關係變質，甚至以反目收場。

「Frenemy」

2012 年 6 月，《BusinessWeek》刊登了人力資源專家黎茲瑞安（Liz Ryan）的文章。他指出現代人工時長，在職場中尋找友誼比以前相對容易，這樣的職場新關係包含了朋友（friend）和敵人（enemy）對比角色。

「Frenemy」的意思是一個你願意花時間和對方相處、談得很投契，在工作上可以依賴，但是不能完全信任的人。這種既是朋友，又是敵人的弔詭關係，源於兩個假設：從僱員角度，個人利益比關係更重要；從上司角度看，關係會影響工作效率和中立性。

但《人生一定要有的8個朋友》作者湯姆雷斯（Tom Rath）的研究結果卻顯示職場有朋友的重要。他說：

- 有好朋友的員工，全程投入工作的可能性是一般人的七倍。他們能以較短時間完成較多的工作、能找出更多新主意、員工之間的消息更靈通，亦有較多機會發揮自己的強項。
- 有要好朋友的員工，對公司的滿意度提高了五成，對薪金的多少反而較不計較。
- 96% 擁有至少三位要好朋友的員工對生活感到滿意。

由此可見，職場上有要好的朋友，無論是工作表現，抑或其他生活層面，都能帶來正面的影響。那麼，如何辨別工作間有潛質成為好友的同事呢？在辦公室建立友誼又要注意哪些原則呢？

有潛質成為好友的同事的三個正面特質（3+）

擁有以下三個正面特質的同事，是較「安全」的人士，可以較放心與他 / 她建立友誼：

1+ 對人正面

評論事情較客觀全面，討論不在場人士時較少批評，甚至會替對方平反。多點在茶水間（pantry）留意同事的閒談，就有機會找到這些人。

2+ 對事正面

面對工作困難時，仍保持態度認真。即使有發牢騷的時候，但「呻」完後仍會提起精神，竭力完成工作。面對逆境，會視之為挑戰的同事，都有與你並肩作戰的潛質。當你要加班（OT）的時候，嘗試留心觀察身邊有沒有這些同事。

3+ 對己正面

有自信，為了大局勇於表達意見，不太計較多做一點的是明白自己強處，也樂於貢獻的人。在會議時，可多加留意，同時要分辨愛出風頭、爭上位的同事，他們往往因上司在場，才有如此積極的表現。

在辦公室建立友誼要注意的原則

顯露脆弱（express vulnerability）

在職場表露自己的脆弱往往被視為一種禁忌。美國行為研究與科技學會（American Institute for Behavioral Research and Technology）的心理學家羅拔依碧斯坦（Robert Epstein）則指出顯露脆弱是加速人際間情緒連繫的催化劑，深厚的友誼往往在患難中彼此依靠，互相照應下被建立。在合作期間，適當地表達自己的無知而請教別人；或在別人有需要時，甘於冒着被利用的風險主動伸出援手（廣東話叫作「抵得諗」），都是打開友誼之門的第一步。

欲速則不達（beware of pace）

顯露脆弱的時機十分重要。認識不久，就立刻跟對方分享以往的失戀經驗會把人嚇跑；個人空間（personal space）也要拿捏得當，從一起吃午飯，以至去對方家吃晚飯，要經歷時間的培養和持續仔細的評估。

建立友誼像栽種植物，建立職場友誼更要加倍耐心栽種，小心經營。盼望以上的小建議能讓你在工作間的友情開花結果。

小習作

1. 文中提到有潛質成為好友的同事的三個正面特質：

    - 對人正面
    - 對事正面
    - 對己正面

    你在職場有要好的朋友嗎？他們有這三種特質嗎？

2. 你有這三個正面特質，成為其他同事的好朋友嗎？又有哪些改進空間？

3. 你在職場有顯露脆弱的經驗嗎？結果如何？可跟你可信賴的朋友分享。

參考資料

- 吳凱琳、馬岳琳，天下網絡部整理〈職場有真友誼？小心防範 9 種同事〉（2012 年 9 月 27 日），《天下雜誌》，網址：http://www.cw.com.tw/article/article.action?id=5043743
- Dishman, Lydia（2015 September 21）. Why Having Friends at Work Is So Important. *Fastcompany*. Retrieved from http://www.fastcompany.com/3051290/lessons-learned/why-having-friends-at-work-is-so-important

建立友誼像栽種植物，需要小心經營。

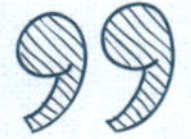

和上司可以做朋友嗎？

根據普林斯頓大學（Princeton University）做了一個有關「喜歡與誰相處」的研究，要求受訪者將每天的人際活動仔細記下並記錄當時的快樂指數，排在最後的分別是客戶（倒數第三）、同事（倒數第二），而上司則敬陪末座。

研究結果一點都不令人感到意外。在餐廳，在社交平台，員工以戲謔上司為宣洩的渠道。不要說做朋友，能跟上司表面上和睦共處已經很好。「公私要分明」這概念彷彿成為大部分職場人士嚴守的原則。

在《人生一定要有的 8 個朋友》一書，作者湯姆雷斯（Tom Rath）訪問了八萬名經理，三分一認為上司不能跟下屬做朋友的原因是「親密會帶來輕蔑」。

除了涉及友誼的平等關係的元素，也顯示了公司不信任員工會為公司盡心盡力服務，非用管理機構的規矩和行政手段不可。

上司也是朋友

我很幸運，剛畢業就認識了一位好僱主。公司規模很小，只有五、六個人。由於大多員工有共同信仰，每逢週五我們都有祈禱會，為工作和個人需要互相代禱。僱主每個月都會安排同事在公司一起午膳，邊吃邊輕鬆交談；也會請秘書舉辦行山等活動，邀請員工親友出席。由於公司規模小，我會向他直接交代工作情況，而他也會問我意見（雖然他已是入行三十年的建築師），可見他平等對待下屬的胸襟。

透過平時的相處和觀察，他認識我的長處和限制。除了適量安排我出席會議，讓我有機會面對「大場面」外，更會把設計和文書行政等我較擅長的工作交給我，增加我這初出茅廬的小子的信心。

後來，因一位患上鬱躁症的同事不斷無理的針對我，他特意在地盤安排了一間辦公室，讓我可在公司以外繼續專心工作。這個調動對公司會構成運作上的影響，但他出於愛心的安排，令我深受感動。

另一位上司是我大學時的師兄。他邀請我接手一個酒店裝修設計的工程。然而，上班不久，我發現上一任同事留下的設計圖錯漏百出，不得不在工程期間不斷修改圖則；同時，發展商內部有政治角力，以致需要大幅度更改設計。

作為設計師，我夾在承建商和發展商中間，除了經常加班以追趕進度，也要獨自出席每星期的會議，面對多方的攻擊，承受了莫大的壓力。在短短一年間，有數個參與工程的同事請辭，更有同事上班三日就離職。

出於情誼，我也是努力應付，但是壓力太大，身體、情緒都出現毛病，種種情況顯示我已到了耗盡（burn out）的階段，最終只好提出請辭。縱使我多次向上司表示自己的狀況，希望酌情處理，以年假扣減兩個月的離職通知期，能夠儘快休養，但公司卻以勞工法例的嚴苛手法處理。這事令我受到很大創傷，尤其上司是大學時一起學習和成長的師兄。

第一個上司成了我的好朋友，因他關心下屬工作以外的生活，深入了解員工的強弱，量身打造最適切的管理模式和任用策略；第二個上司最終卻連朋友也做不成，因為員工被物化成僅僅應付工作的工具。

三種能夠發展友誼的上司特質

雷斯的研究指出，**如果員工能與上司建立密切的友誼，員工對工作的滿意度會是一般員工的 2.5 倍，而公司的業績也會因為員工的盡心付出而顯著提升。**以下是較有可能在工作以外關心你，也就是更有機會發展友誼的上司特質：

- 在工作崗位上待得比較久（如，有五年以上）。
- 有比較忠誠的客戶朋友（以誠待人的結果）。
- 生產力較高（與下屬合作順利的結果）。

遇到能做朋友的上司，確是可遇而不可求。盼望你在職場能遇到一位可以成為好朋友的上司！

小習作

1. 你認為你的上司是「波士」(boss)還是領袖(leader)?

以下列出的差異給你參考:

「波士」VS 領袖		
推動員工	…	引導員工
憑藉權威	…	良好意願
引發恐懼	…	引發熱情
愛說「我」	…	愛說「我們」
知道如何完成工作	…	指示如何完成工作
差使員工	…	發展員工
挪取榮譽	…	給予榮譽
批評	…	請教
指揮你去做	…	與你一起去做

2. 上司不單是好領袖，更有潛質做朋友。除了文中提的特質以外，你的上司有以下的特質嗎？

- 關心你工作以外的事情（例，身心健康，家庭等）。
- 因下屬的特別情況有斟酌的空間和人性化的安排（例：容許做媽媽的員工有些微彈性調整上下班的時間）。
- 會出席或籌辦同事之間的工餘活動（例：行山，吃飯等）。
- 強調合作的重要，了解你的強處和獨特性，並委以相關的重任。

參考資料

- Hay, Jane. Boss and Leader Quotes. Quotes Gram. Retrieved from http://quotesgram.com/boss-and-leader-quotes/

建立關係，不是看雙方的身分，

而是性格。

Facebook 朋友不是朋友？

Facebook 面世已達十年之久，很多人的 Facebook 朋友數目不斷膨脹，有的朋友數目上千，甚至到達 Facebook 所設的交友上限。

當我認真分析自己的 Facebook 朋友，大部分都是舊同學、同事、教會弟兄姊妹、參與不同活動時所認識的朋友，或已移民外地的朋友。

有趣的是，有些 Facebook 朋友可能只見過一次面；在 Facebook 的世界裏，你卻見證着他們人生的重要經歷，如畢業、結婚、生兒育女等。雖不常見面，卻又可以送上祝福。

甚至，有些人身處外地，但終日在 Facebook 流連，他可能比住在同一區的朋友更清楚你的動向，這是 Facebook 拉近距離的奇妙之處。當然，有人認為這種熟悉只是一種錯覺，以為看過對方的近況，就等如了解朋友。然而，沒有面對面交流的機會，感覺還是陌生。

朋友的「功能」

因為如此，有人質疑究竟 Facebook 朋友是否真正的朋友呢？到底「朋友」的定義是什麼？

對於「朋友」的定義，很多人各有不同。亞里士多德（Aristotle）曾在他著名的《尼各馬可倫理學》（*Nicomachean Ethics*）裏特別討論友誼的理念和實踐。他認為朋輩之間存在三類友誼：

1. 善良正直、忠誠可信任之真誠友誼

真誠友誼需要時間培養。在相處的過程中考驗彼此是否誠實可靠、能守信用、能接納彼此的優點和缺點、共同分擔喜與憂，彼此善待。

2. 因志趣相同而建立的友誼

志趣相投最能產生共鳴，對不善於表達的朋友來説，共同興趣更能成為一個打破隔膜的媒介，展開話題，連結友誼。

近幾年興起三五知己學皮革製作、陶瓷工藝、天然手工皂製作、Art Jamming 等，製作的過程和交流時令人開心愉快，友誼和羣體也漸漸建立。

3. 基於功利需要的友誼

有些友誼是互惠互利的，當遇到生活的需要時，如裝修新居、醫療保險、法律諮詢等專業知識、優惠折扣，以及新品推介等，你總會想起不同朋友。彼此滿足對方的需要，建立資源共享的精神。

在 Facebook 的世界裏，以上三類友誼都存在。環顧身邊的朋友，對 Facebook 的看法和運用各有不同：有些至今堅決不開 Facebook 戶口，着重朋友間面對面的交談和看重私隱；有些會定時限制 Facebook 朋友的數目，刻意篩選及保留在某個數量；有的是來者不拒，你 invite 我 accept。這視乎用家持什麼心態。

Facebook 中的友情

當我們在 Facebook 窺探朋友們的生活動態時，有時會令自己有種錯覺，仿似熟悉對方的近況，但我們對對方的真實世界卻感到很陌生，有種莫名的疏離感。有些人的 Facebook 朋友很多，現實生活中卻害怕與人面對面交流。

我們可嘗試仔細檢視一下我們的 Facebook 賬戶，有哪些人我們冀盼能再次見面聯繫，關心彼此？**我鼓勵你，若想交朋友，請別再停留在旁觀者的位置，嘗試主動相約聯繫，學習主動伸出友誼之手，哪怕只找到一個 Facebook 朋友願意與你見面交流，這已是一個很好的開始。**

凝聚羣體

當然，對很多人來說，Facebook 不再限於與朋友交流的平台，而是藉此凝聚力量，組成志同道合的羣體，例如，分享讀書心得、生活軼事、旅遊資訊的羣組等等。無論是時事、藝術、娛樂、運動、政治、宗教、民間運動等數之不盡的訊息及相片，皆可以在這平台共享。

這幾年，有很多社會運動及社會服務經 Facebook 發佈，網民一呼百應，成為志趣相投的羣組。從朋友所發放的資料中，你可認知誰人與你志同道合，試加入這些羣組，豐富你的羣體。

尋回從前的朋友

不得不承認 Facebook 在友誼聯繫上作出了很大的貢獻，容讓我們搜尋到失散多時的朋友。最近，我與當年同讀中一的同學發起「相識卅載」的聚會，靠着 Facebook 和 WhatsApp 聯繫，至少有半班同學爽快應約，拉近人與人之間的距離，除卻了因疏遠而引起的陌生感。

每個人對交友的看法不同。有些人會在 Facebook 的世界裏廣結良朋；有些人則以旁觀者的態度，喜歡遠觀而不活躍；有些人仍對 Facebook 朋友有所保留，也有些人開始產生厭煩。

同時，有些人則藉 Facebook 得以讓朋友認識，例如分享對時事的看法、生活點滴的感想、生命遭遇的反省等，讓朋友對你有較真實的認識，看見你文靜背後的豐富。對於比較內向或不善辭令的朋友，有時反而用文字更能表達自己。

交友模式因人而異，**最重要是了解自己適合哪種交友的模式及平台。若 Facebook 的世界會令你感到不安、不舒服，甚至討厭的話，離開其實也不會令你變得無朋友**，畢竟在 Facebook 上交友只是其中一個輔助工具，即使離開 Facebook，你的真正朋友依然存在。

小習作

1. 看一看自己的 Facebook 朋友名單，有幾多人是你真正認識？有幾多是網友？

   對你來說，Facebook 的用處是什麼？

2. Facebook 前行銷總監 Randi Zuckerberg 寫了《玩弄臉書》（*Dot Complicated*）。她留意到現在的朋友聚首都是各自低頭滑手機，她提議相約朋友時，不妨放下手機，面對面相處。

   現在，愈來愈多人要求在朋友聚會時，放下手機，你試過嗎？感覺如何？

要是你了解自己適合哪種交友的

模式及平台，

你總會在合適的地方找到好朋友。

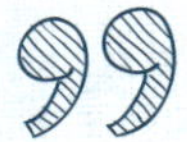

Online 不是朋友，offline 才是？

隨着時代的轉變，交友的模式日趨多元化。從過去大都是見面後才建立的友誼；發展至今，網上平台、即時通訊程式漸漸成為交友主流。

網上交友可靠嗎？

近一、兩年，當我問身邊年輕人的時候，他們即時的反應像在告訴我：「我沒有考慮這個問題。」在他們的圈子中，網上交友已經太普及。一個手機的應用程式已能讓他們結識其他學校的學生。在他們眼中，程式公開對方的簡介，會否跟這個人做朋友的選擇權仍操在自己的手中。

網上能找到真朋友嗎？

日本著名電影導演岩井俊二的作品《夢之花嫁》正正見證着時代的變遷，反映現實網絡交際的世界。女主角七海個性害羞內斂，在現實生活中難以表達自己，唯獨在網上的世界感覺自在。

每當她在生活上遇到困難，便在網上通訊平台求助，而網友安室總想到法子為她解難。後來，安室介紹了真白給七海，七海懷着對朋友真摯的心與她結交。

殊不知真白是一個買家，出錢找人伴她渡過生命中最後的一刻。無論與真白的友誼，抑或與安室的交情，都是一場徹頭徹尾的金錢交易。

真友誼

導演岩井俊二細膩地勾畫出人與人之間相處的複雜性。人的真誠夾雜在虛假的空間和身分之中，戲中人以假身分建立真友情，有時又以自己的真感情投入了一段假關係中，真真假假難以劃分。

在網上結識朋友，不是不行，也不是沒有真友誼。然而，正如曾經讀過的很多報導，網上依然充滿陷阱。正因如此，我們更需要為網上友誼設下界線，避免墜入欺騙情感的網絡世界中。**如果你也喜歡在網上交友，鼓勵你仔細想一想自己背後的動機**，只是想無聊時有人陪伴閒聊、網上支援，還是真的想建立真友誼？

穿透界限的友誼

Online 友誼最大的特色，是能夠打破時間地域的界限，與分散各國各地各方的朋友聯繫。因着智能手機的普及，人人一機在手，幾乎 24 小時都能隨時聯結。

因着網上的無界限，我們需要定下原則，讓朋友明白你在網上溝通的節奏與習慣，彼此要取得默契，掌握對方較空閒的時段，也要體諒朋友因忙碌而未能即時回覆，勿心急催迫，對方才會因此感到被尊重。

若大家真的在意及珍惜彼此友誼關係的話，還是鼓勵你們online 以外，建立 offline 的友誼，撥出時間相約見面。這行動已顯出你對這份友誼的誠意，也嘗試突破你害怕面對面交談的恐懼。

相比 online 的溝通，offline 友誼能減少誤會。藉着朋友的面部表情、語氣及狀態，較能理解朋友的真實情況，例如對方常在網上告訴你忙碌疲倦，見面時看見他的倦容消瘦，更能明白及理解他的心情和需要，懂得如何關心他。

其實，能否建立真友誼，關鍵不在於 online 或 offline，二者彼此是沒有抵觸的，online 可拉近彼此的距離感；offline 見面可減少一點令人不安的陌生感。重要的是，彼此結識時背後真正的動機。動機一致，友誼才得以培育成長。

小習作

1. 你依賴社交網絡的應用程式嗎？

   - 你的手機安裝了幾多個社交網絡的應用程式，如 Facebook、Twitter、Skype、Telegram 等？
   - 你每天花多少時間在網上與人溝通？
   - 你每日平均與多少人 / 羣組聯繫？
   - 若然一日不能上網，你會不會覺得不安？

2. 你覺得這些應用程式對你維繫友誼有什麼影響？

正因為網上無界限，

我們更需要為網上友誼設下界線。

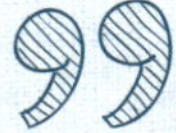

為什麼我只能在網上識朋友？

有沒有留意有些人，在網絡上滔滔不絕，現實中卻鮮有説話？

有沒有發現有些人，長期流連網上討論區，卻不太留意身邊發生的事？

有沒有認識一些人，總在網上主動結識朋友，網下卻極為害羞？

現在，藉着 WhatsApp、Facebook、Line 等社交網絡，我們能與朋友全日連線，網絡世界在虛擬和現實之間互相交錯，彷彿沒有絕對的虛擬和絕對的現實。人與人之間相處所渴求的，彷彿不再是「現實」。

在網絡上，得到在現實中沒有的關懷

在輔導室，曾經接待一些其貌不揚、身形肥胖或矮小、不善於表達、極度害羞的少年男女。他們不期然分享交友上的困難，感到被忽略，常遭人取笑，難以遇見真心接納他們的朋友。於是，他們轉移到網上世界，尋找可傾訴的友誼。

在網絡的世界中，他們得到現實沒有的——

1. 感覺被接納

在〈Online 不是朋友，offline 才是？〉中，曾經提到的電影《夢之花嫁》中有一宗「租賃朋友」的交易。原來在網絡遊戲中，也有類似的徵求。他們可為自己訂一個角色，然後「徵朋友」、「徵男 / 女朋友」等。

在遊戲中，他們能夠暢所欲言，變得很大膽，因為他們感覺安全，很少被人拒絕，在遊戲中「呻完」就感到釋懷，有力量過新的一天。然而，一返回現實，他們又怕再度被傷害、被拒絕、怕 deadair。

另外，很多人（如資優生）在現實生活中常被人誤解，未必人人能搭通他們的 channel，這些平台成了他們相遇的地方，研究策略，破解難關。

2. 得到其他人的安慰

曾有一位受助者，讀大學時患有精神病，同學們不太理解他的思想和行為，而他又不懂說話，常得罪人。他在大學完全無朋友，連家人也不喜歡他，除了見輔導及精神科醫生外，網上論壇成為他重要的精神支柱。每當遇到困難時，便上網尋問；當情緒低落至尋死時，巴打、絲打又會即時安慰。

他甚至表示，幸得幾位大叔在網上陪伴他成長，好像生命師傅般解答生活上的疑難，以致他不會尋死。

3. 網上情緣

有些人認為，他們在網上能坦然地表達自己，也能認識其他國家的人，感覺異國朋友較大方寬容，容易接納人，久而久之，二人愈走愈近，發展成戀人。

時差考驗彼此的誠意與重視，大家學習互相遷就對方的時區，也因着不能隨時見面，而更重視每一次的約定。當他們發展得成熟穩定時，大都願意透過視像會議介紹彼此的父母認識，甚至願意接待對方來港，或往外地與對方見面。

療傷的平台

每當聽到受助者因無法在現實交友，而轉移至網上的心路歷程時，心裏總會替他們難過。他們只不過是想結交朋友，閒時找個伴行街睇戲食飯，奈何現實中卻遭受無數次的拒絕、誤會、嫌棄和漠視，令他們不敢冒險地面對面與人相處。他們走進網上平台，彷彿在尋找一個療癒傷口的地方。

對於不善辭令、外貌不討好的朋友來説，網上交友變相成為一個安全的平台，對方因看不到他們的外貌與説話的談吐，不會即時評分，拒他們於門外；線上朋友們的接待，仿如給他們打了一支強心針，令他們主動地在網上溝通與交流，對將來重回現實生活結識朋友有一定的幫助。

當然，他們的基本溝通技巧，如態度、語氣、聲線、眼神接觸及説話分寸等仍要多加留意，學習與人在線下交往，以免再次成為被拒絕的對象。

在網絡世界裏，彼此之間若能釋出善意、坦誠相待的話，絕對能交到好朋友。然而，也不能沒有提防之心，以免跌入網絡的陷阱。其實，很多人在網上感到安全，活得自在，是因為不用完全披露自己的身分。但是，**無論在網上或網外的世界，當你常帶着掩飾的身分對待朋友時，就永遠不能成為對方的真正朋友。**始終，交朋友貴乎的是「誠實」。

小習作

1. 很多人在網絡交友中，得到安慰；但是，不少新聞都提及網絡交友充滿陷阱：欺騙、侵犯等。你對網上交友有什麼看法？

2. 你曾經在網上交友嗎？你覺得在網上交友與現實有什麼分別？

無論網上或網下，

當你常帶着掩飾的身分去結識朋友時，

就永遠不能成為對方的真正朋友。

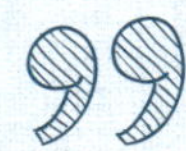

友誼保鮮

廖暉清、周偉豪

他 unfriend 了我，怎麼辦？

2014 年的雨傘運動曾一度掀起 Facebook unfriend 潮。立場不同的人，勢不兩立，甚至不容許「異見人士」在自己的 Facebook 中立足。為何朋友的關係會如此脆弱，意見不合，就會狠心地割席？如果你在偶然之間發現被朋友 unfriend，又可怎樣面對呢？

被朋友 unfriend 時

你曾經被人 unfriend 嗎？無論你因意見不合而遭 unfriend，抑或像裁員一樣在沒有因由的情況下被 unfriend，都是告訴你：你不再是對方的朋友。**若然我們發現自己被朋友 unfriend，內心的即時感受會告訴你，到底你們之間的距離有多近、有多遠。**

嘗試聆聽你的內心世界——當發現被朋友 unfriend 時，你的感覺是：

1. 無感覺

這關係可能只是泛泛之交。Unfriend 的代價只是 Facebook 朋友的數字下跌，並沒有其他影響。

2. 疑惑，有點失落感

對方 unfriend 的動作令你大惑不解，會猜想是否立場不同，以致道不同不相為謀。此時，各人會按着個人性格行動，有人不釐清原因會產生不安，寧願面對釐清真相的尷尬，也不想莫名奇妙地被 unfriend；有人則認為與對方的關係不太熟悉，若主動追問因由，尋問到底的舉動，反而更不安和尷尬，倒不如選擇放下，漸漸讓事情丟淡。

3. 憤怒，感到受傷

若你感到憤怒和被傷害，證明你和這位朋友的關係比較親近。這情況在雨傘運動時很常見，而往後的處理手法也反映了你有多着緊這段關係。若彼此珍惜這段友誼，直接對話是最佳方法。不過，關鍵在於選擇適當的時候和方式恢復對話，例如，自我檢視能否有足夠的應對及承受能力面對衝突及分歧、大家的情緒平伏沒有，要採用面對面的方式，還是文字通訊等。

帶着矛盾的朋友

不難想像，志同道合的人自然比較容易熟絡，但現實生活中，難免會遇到觀點與喜好不同的人，難道意見不同的人就一定無法成為朋友嗎？

一家免費電視台構思了一輯名為《跟住矛盾去旅行》的節目，邀請兩個立場對立的嘉賓一起去旅行，做任務。這些嘉賓的政見、信仰、愛情觀、價值觀等等都截然不同，到底能否成為旅行友伴，開放溝通呢？

結果發現，若雙方都有一顆願意的心，持開放的態度，彼此伸出友誼之手，始終能成為一對帶着矛盾的朋友。他們不需對每一件事持相同的看法，但能夠和而不同，彼此求同存異，有足夠的空間聆聽彼此不同之處，彼此欣賞，彼此豐富，甚至彼此提醒，建立對方。**「彼此」—— 即有你有我，相互共融，是雙方願意的。**兩個人必須有廣闊的胸襟，才能與矛盾共存。

否則，就如我們在節目中看到的另一面，彼此立場及價值觀差異太大，面對面連笑也不願裝，甚至裝不出來，就是清楚表明二人無法成為朋友！既然如此，唯有學習接受有些人真的道不同不相為謀。

事實上，當我們願意持開放的態度，對人寬容，接納不同的朋友，眼界才會擴闊，看見了事情的另一面。就算最終無法認同對方的想法，至少曾嘗試接觸，理解他們的想法，而不是自說自話。

小習作

1. 美國清談節目名嘴 Jimmy Kimmel 認為有些人在 Facebook 中動輒有過千朋友，是朋友過盛（Friends Fat），像多餘的脂肪，理應瘦身。於是，他於 2010 年發起，將每年的 11 月 17 日定為 National Unfriend Day，呼籲網民在這一日整理 Facebook 的朋友名單。

   你贊成 Jimmy Kimmel 的建議嗎？你有沒有定期清理 Facebook 朋友的名單？為什麼？

2. 你有沒有帶着矛盾的朋友？如果有，有什麼原因讓你們能夠求同存異，而沒有將對方踢出朋友的名單？

若然我們發現自己被人 unfriend，

內心的即時感受會告訴你，

到底你們之間的距離有多近、有多遠。

為什麼身邊有很多人，卻總覺得寂寞？

構思這篇文章時，正是懷念張國榮逝世 13 周年的日子。

寂寞，總令我想起張國榮，他所唱的《寂寞夜晚》至今仍縈繞在腦海中。當年，他的自殺，全城默然，他身邊一眾好友與粉絲難以接受這個事實，心裏冀盼這只是愚人節的玩笑。

很多人大惑不解，為何他身邊有如此多愛他的朋友，仍然感到空虛寂寞，跌落抑鬱的深淵呢？

寂寞不因人多人少

很多人有一種誤解，以為寂寞是取決於身邊人數的多寡——身邊愈多人的就愈快樂，相反亦然，事實卻不是如此。

在張國榮離世後幾天，我收到一封教會姊妹的電郵，內裏附上一封信，題為「喪禮」。

她寫着：「我希望我的喪禮可以依我的意思而行。若我離開世界，請你完成我的心願。」接着，她列出喪禮的細節、場內佈置、音樂清單、出席名單及電話等，甚至特別拜託我不要派「吉儀」，說太無聊了，她會自製禮物送給來賓。

看了這封電郵，我吃了一驚，立即致電給她。幸而，她所發出的是自殺預告，而非寫下遺書，最後總算能夠聯絡她。

這位姊妹二十多歲，正值花樣年華，甚至與張國榮一樣，身邊不乏愛錫她的人，她卻依然覺得空洞寂寞，甚至萌生尋死的念頭。

與她傾談，漸漸發現當中的原因。她的父母重男輕女，從來沒有稱讚她。無論她身邊有多少朋友，一直無法填補內心長久以來的空洞。因着自卑，她不敢向人傾訴自己的內心世界。面對羣眾，只好笑臉迎人，眼淚卻在心裏流。漸漸地，了結生命的念頭在她心中形成。

當你寂寞的時候

我未必能夠完全明白她內心的痛苦，能夠做的只是聆聽。雖然我不能完全認同她的打算，卻容許她去表達，讓她隨心抒發自己的感受，了解自己寂寞的源頭。

後來，她因看見張國榮自殺後，摯友心痛的樣子，整個人都崩潰了，擔心自己的衝動可能傷害疼愛她的人。漸漸地，她放棄了自殺的念頭。今天，她建立了自己的家庭，成為人母，想經歷老去的滋味。

很多時候，空洞寂寞的感覺是自小陪伴我們成長的，寂寞的正面作用是，能令人更清晰聆聽到自己內心的聲音和渴求；但當內心的渴求和需要一直都不被了解和重視的時候，那無力感就會增強。

此時，別孤單一人面對自己的寂寞。你需要一位傾訴對象，幫助你把長久以來的鬱結解開。**嘗試找一位可信任的朋友，慢慢學習勇敢開放自己的內心世界。**嘗試觀察身邊的朋友，找一個有耐性、能體諒及理解他人難處的朋友，主動向他訴說你的需要和難處，邀請他成為你的聆聽者。

寂寞與否，與朋友多寡沒有必然的關係。有些人朋友不多，但不覺寂寞；同樣，有些人朋友三五成羣，卻有一種無法排解的寂寞。當我們透過與朋友分享，嘗試理解自己，或能梳理內心的需要，終能幫助我們撫平埋在心底的寂寞。

小習作

1. 什麼時候你會覺得寂寞？不妨記下來。

   I. ____________________

   II. ____________________

   III. ____________________

   你覺得這種寂寞正常嗎？

   如果你覺得這種寂寞源於內心未被正視的需求，不妨與朋友分享；有必要時，可尋求專業人士的協助。

寂寞的正面作用是，
令人更清晰聆聽到自己內心的
聲音和渴求。

無法與朋友交心

「死黨、知己、閨密、姊妹淘、兄弟幫等老友鬼鬼的關係，為什麼總不會出現在我身邊呢？」

「為何我不能很自在地向朋友敞開心扉，面對面時總是有口難言呢？」

相信很多人明明有心事，但面對着朋友，卻口難開。即或健談、外向、愛表達的朋友，不代表他們能夠向人揭示自己的內心世界，但朋友間彼此自我披露（self-disclosure）是增進友誼的重要元素，究竟是什麼阻礙了我們有勇氣向朋友揭露自己隱藏的一面，坦誠分享自己的心底話呢？

無法交心的理由

1. 害怕被傷害

在輔導中，遇到很多年輕人因過去曾在人際關係上遭遇很多不愉快的經歷，使他們難以與人建立信任，缺乏安全感。腦海中不期然會彈出十萬句可怕的句子恐嚇自己，避免再度傷害。

「我的秘密一定會傳開，成為謠言，被人説三道四。」

「我的秘密會被人當為友誼的籌碼，跟他人打交道。」

「説出來後，對方會有過度及過敏的反應，令我不敢再説下去。」

2. 無人能明白我

「每次講真心話，反而被人教訓一頓，好無癮！」

「解釋就是掩飾，唔好諸多藉口啦！」

過去曾經透過問卷調查，了解年輕人在人際關係上常遇到什麼困擾。得到的答案很多是被誤解、受委屈。身邊的人總會因着對他們的主觀想法而妄下判斷，急於表達自己的意見和下定論，令人難以解釋和溝通。

3. 不知從何説起

很多這一代年輕人都是獨生子女，沒有跟兄弟姊妹一起談天説笑的機會。於是，走入人羣中會顯得不知所措，遑論要交心！曾認識一位中五女學生，因父母經常外出工作，自小苦無傾訴對象，她兒時的玩伴就是天線得得 B，現在則以 Minions（迷你兵團）為她的知心友，它們都是眼大大，天線得得 B 更有一對大耳朵。當她向公仔説心事時，它們總會定睛看着她，專注地聆聽她的心聲，向她微笑，讓她感覺被人聆聽、接納；但在現實生活中，她不知該如何與他人説起，害怕他人的嘴臉與反應。

無法交心，因為內心充滿懼怕，害怕不被接納、不被明白，甚至被恥笑。交心，原來需要很大的勇氣，勇氣（courage）的拉丁文字源（cor）解作「心」，原意是向人全心全意訴説自己的故事。

除了勇氣，彼此信任也很重要。**想找到能交心的朋友，首先自己要成為一個可信任的朋友。**提議以下 5K 交心法，助你成為值得交心的好朋友。

5K 交心法

1. Keep Silence（安靜聆聽）

人能安心傾訴，因有足夠的時間表達，沒有被人打斷。《聖經》中的〈傳道書〉說：「靜默有時，言語有時」（A time to be silent, and a time to speak.）。願意安靜聆聽對方傾訴，是對人的尊重。交心，配合着「及時聆聽，合時回應」的節奏，需要學習慢慢掌握。

2. Keep an Open Mind（思想開明）

每個人都有不同的意見和感受，能夠虛心聆聽，以開放的態度思考不同的見解和理解他人的感受，是一種氣量，令人感到被接納，被尊重。

3. Keep Confidential（保守秘密）

這點不用多解釋，正所謂「己所不欲，勿施於人」，你也不會想人家把你的秘密外傳，或作茶餘飯後的話題。這是建立信任的一個重要條件。

4. Keep a Promise（遵守承諾）

正所謂「講得出，做得到！」這包括在約定的時間赴會出現，提早赴會更會顯出你有誠意；有些人慣了爽約或經常遲到，或找很多藉口把見面的時間一拖再拖，這都反映你有多重視彼此之間的關係。

5. Keep in Touch（保持聯絡）

友誼須要用心經營、保鮮，可考慮定期見面，或主動傳手機訊息問候，或致電閒聊等，彼此交流大家的近況，讓朋友知道你仍在意這段友誼。

建立人與人之間的信任並不抽象，只要你能保持 5K 交心法，就能漸漸成為一個可靠、可交心的朋友。**當兩個可靠的人相遇，互相交流，便能安心披露心底話，有如 5K 超高清解像度熒幕般，彼此能夠看得更清、更真。**

小習作

1. 文中提到三個無法與人交心原因：

    - 害怕被傷害
    - 無人能明白我
    - 不知從何説起

    這也是你無法與朋友交心的原因？

2. 從你的朋友名單中，尋找可以運用 5K 交心法的朋友，試着以此與他們溝通。

想找到能交心的朋友，

首先自己要成為一個可信任的朋友。

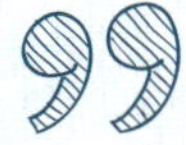

我無法做自己

「為何我總害怕與朋友意見相反，寧願自己屈就，也不敢表示反對？」

「我覺得自己好虛偽，明明唔鍾意又要扮鍾意，我真係好討厭自己。」

「我明明唔想講是非，但唔講又怕俾人踢出局，唯有扮到好開心咁你一言我一語，但其實我覺得好辛苦，點算好？」

「明明唔識，又要扮識，如果唔係咁，人哋會睇小我。」

人與人相處夾雜着很多張力，張力可能源自朋輩間不同的性格、文化和要求，但最大的張力很可能是來自你內心的恐懼，害怕被拒絕、被看不起、不被喜歡、不受歡迎，只好塑造一個連自己都感陌生的形象，來討好身邊的人。

到底我是誰？

當你在人生舞台上，長期扮演一個與自己相違背的角色時，即使騙得全世界，最終你也騙不了自己的內心世界，終有一日，你會突然迷失，然後不斷地問自己——到底我是誰？

在輔導中，有時候恍如一個觀眾，觀看眼前的年輕人如何在他們的人生舞台上扮演每一個角色。我們一起走進時光隧道，帶他們進入童年世界，一起回憶。童年，往往是最能夠自然地活出真正的自己的時候，毫無保留，不刻意地掩飾自己。

然而，人愈大，經歷愈多。無論在學校、家庭或教會中，受到大大小小的壓迫、斥責，甚至被恥笑、被排斥和被忽略後，他們無奈地要在人生舞台上自編自導自演另一個角色，務求獲得讚賞，爭取成為朋友心目中最喜愛的角色，或避免成為朋友心目中最討厭的角色。

無法做自己

曾與一位少年人同行了六年。認識他時，他就讀中二，現已升上大學了。中學時代的他，因身形肥胖和說話遲鈍，常被同學恥笑及欺負，令他感到自卑，常有自殺的衝動，幸而每次都能及時制止。

在中學期間，他很渴望扮演一個討人喜歡的角色，可惜他愈造作，同學就更不喜歡他，甚至完全排斥他。在他的中學生涯裏，只有一位同學能接納他，成為他的好朋友。

升上大學時，他想給人一個嶄新的形象，每天用定型膠把頭髮弄得高高。直至，跟他合作做功課的同學認識他真正的為人後，坦誠告訴他，他的形象與性情格格不入，他才決定正視問題。

尋找真我的歷程

我鼓勵他勇敢地詢問這班新認識的同學，了解一下他們心目中的他，讓他知道自己在朋輩眼中的優點和缺點。同學真誠地回應，讚賞他是暖男，勸他改回感覺自然的髮型和衣着。

他感觸流淚地説，活了 18 年，第一次得到朋輩的稱讚和真誠的對待，很感激這班同學，而我也很欣賞他願意主動嘗試與同學作出交流，開放自己接受意見。當他真真正正做回自己後，他喜歡的女孩子也漸漸喜歡他，令他初嘗戀愛的滋味。

他的經歷，令我們明白朋輩的支持和真誠很重要。他能做回自己，全賴朋輩間彼此的接納和包容，願意放下偏見，彼此欣賞。

虛心聆聽，主動改善

主動尋求協助，大膽詢問意見，虛心接受批評，並願意作出改善，讓這個少年人尋回自己。虛心是做回自己的其中一個關鍵，因我們往往害怕過於平凡，被人看不起，而不自覺地飾演了自己所期望卻又陌生的角色，吃力不討好。**當你願意虛心接受自己的本相，慢慢欣賞到你獨有的特性和素質，才能坦然地活出自己。**

小習作

1. 你覺得自己有什麼缺點是別人不能接納？

I. ______________________________

II. ______________________________

III. ______________________________

你曾否為了讓別人接納，而刻意隱藏這些缺點？

2. 若你曾隱藏缺點，在別人面對飾演另一個你，感覺如何？最後，為什麼放棄 / 堅持？

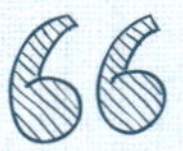

當你願意虛心接受自己的本相，
慢慢欣賞你獨有的特性和素質，
才能坦然地活出自己。

為什麼我總是被排斥？

為什麼我總是被排斥？

你曾經目睹他人被排斥嗎？

你曾經排斥他人嗎？

你曾經被人排斥嗎？

有人說，每一間學校，不多不少都會發生排斥的事件。排斥，又稱社交孤立，算是欺凌的一種。有研究就曾以此為題目，詢問了 3,000 多名中學生。結果，超過七成曾目睹他人被排斥，超過兩成曾欺凌他人，也有接近兩成曾被人欺凌。排斥，其實離很多人不遠。

要數被人排斥的原因，其實很多：有的是個人的問題，有的是身體或心理上的限制；有的因着資優而長期被誤解，同樣有的因着過度活躍、專注力不足、讀寫障礙等，讀書不成，成為同儕間欺凌和藐視的對象。

無論哪一個原因，肯定的是，被排斥者的心靈總會受到創傷。

個人問題

有些人被排斥，是因着一些個人性格、習慣，如性格害羞，反應較遲鈍，又或態度惡劣，動輒就發脾氣。這些相對容易解決，起碼他們能從正面的方向入手，透過改善壞習慣，讓自己變得更可愛。

例如，內斂的人，嘗試開放自己，主動與人交談；又或，約會準時、工作有交代、有禮貌地向身邊的朋友打招呼等。

當你改善自己在他人心目中的形象，自然能減少被排斥的機會。

身不由己之苦

然而，有很多人被排斥，是因着無法逆轉的理由，如家庭貧窮，又或他們有自身的缺憾。近年，我工作的輔導中心收到很多家長的求助電話，他們大多為子女拒絕上學感到手足無措。有的是學習困難，或是身體不適，以致成績不佳。同學認為他們樣樣事不濟，對他們諸多不滿，最後成為被欺凌的對象。

就讀中一的時候，有一位同學患心漏症，身體瘦弱，不太受同學歡迎。下學期，老師安排我坐在她旁邊，吩咐我多多留意她。我們漸漸地熟悉；後來，她邀請我到她的家，替她和妹妹補習。

升中四的暑假，她舉家移民外國。幾個月後，我收到她離世的噩耗。這是我第一次經歷朋友離世，從沒想過同輩死亡的事會發生在我的學生時代。她令我感受到被排斥時的無力與無助感，也影響了我的一生，領略到堅守愛人如己這《聖經》道理的重要性。

羣體使人安穩

有一次到學校主持講座，開始時帶領一個名為「一個都不能少」的熱身活動。我鼓勵學生把大氣球傳到每一個人的手上，沒想到一位同學突然大力的把球傳給站在台上的我。我心中莫名的高興，即時向他笑說「多謝你受埋我玩」。對他們來說，我是陌生人，這同學卻沒有因為我們的身分不同而排斥或忽略了我這個外來人，令我感受到那份被接納的喜悅。

講座尾聲，我鼓勵同學公開對曾經向他們伸出援手的同學表達謝意。這些幫忙包括願意教同學做功課；願意在生活細節上幫忙；願意團結同學，令全班氣氛融洽。他們一個一個上前表達謝意，場面溫馨感人，活動在一片掌聲和歡呼聲中結束。**健康的羣體，能成為快樂的泉源，每個人都有份能夠貢獻在其中。**

但願我們都願意開放，主動伸出友誼之手，接納不同性格與身分的人融入羣體中，彼此接待、彼此感恩、彼此豐富，**每一個能在羣體中經歷被接納的人，都會感到喜悅，也能在疲憊的社會重壓下重新得力。**

小習作

1. 停一停，想一想，在你身邊會否有一位朋友，你願意並放心向他表達你的難處和委屈。若想起，我鼓勵你嘗試邀請他幫助你，提點你在待人接物上的盲點，與你同行。

   若你身邊曾出現這位同行者，建議你以說話、寫心意卡、發一個短訊、或藉行動來向他 / 她表達感激，學習這令人窩心的行動。

健康的羣體，能成為快樂的泉源。

無法滿足朋友的期望

在人際關係中，有一個很有趣的現象。

有些人自然地把自己視為主角，在朋友面前很容易將自己的所見所聞、所思所想，毫無保留地表達，一臉自信的樣子，也不介意他人的眼光。有些人卻剛剛相反，朋友永遠是主角，只想討好身邊的人。

為何總要滿足朋友的期望呢？

有些人在家裏得不到滿足，便渴望在朋友身上，得到讚賞和肯定。於是，常常想滿足朋友的期望，盼望討好身邊的人。若事與願違，他們便會跌落失望的漩渦中，覺得自己不夠好，覺得自己有問題。他們在人與人之間的相處，常重蹈覆轍地在討好和失望之間徘徊。

慧雅，25 歲，自小母親管教很嚴，對她的成績尤其着緊。為博取母親的肯定與讚賞，她很努力讀書，曾在中學的校內試考得 5A2B 之佳績，怎料母親還板着臉，指着那 2B 來問個究竟。

在慧雅的成長經驗裏，長期爭取母親半點的肯定，卻事與願違，這樣使她看不清自己，扭曲自我的價值及形象。雖然條件不錯，成績優異，也常認定自己未夠好，本來應有的自信心常被打擊。

於是，長大成人的慧雅，不自覺地常常希望滿足到朋友們的期望，以此成為建立自己的唯一指標。無奈地，在這種關係裏，她只感到更疲累、更迷失，而身邊的人已習慣了她的好，漸漸不懂得珍惜，甚至以為是理所當然的。

愛錫自己，與己對話

關係是雙向的，我們沒可能滿足所有人的期望，也不可能一味滿足他人的期望。每一個人都有權利表達自己的喜惡，在關係中願意彼此滿足及敢於表示自己的限制，才是健康的友誼。

若你自覺有慧雅的影子，鼓勵你此刻對自己說：「我已經好努力了，我是值得被愛，被重視的。從今以後，我要成為自己生命中的主角，勇於探索內心的渴望，敢於表達自己的需要，我是值得被朋友關心的。」

我修讀輔導課程時，曾有一位老師要求我們找身邊 10 位朋友、同事、上司或親人，問問他們自己的三大優點及三大缺點。在訪問朋友的過程中，發現這一條簡單的問題，有助我們加深彼此的認識，很自然地表達自己的需要及難處，又得到朋友的肯定和讚賞。

若你的朋友只渴望得到你的滿足，而不願意付出時間和心思與你交談的話，那你要三思。想清楚他是否你的真正朋友，還是他正在利用你的善良和無止境的付出。你絕對有權利選擇屬於你的真正朋友。

小習作

1. 在朋友圈子，你是當中的主角，經常表達自己的所見所聞，抑或是視朋友為主角，只想討好他們的一類？

   若然你是主角的一類，你有沒有留意、關心身邊的朋友，還是習慣他們的存在？找一些機會，感謝他們的陪伴，也嘗試關心他們的需要。

   若然你是樂於擔當配角的一類，嘗試了解自己的需要，找一些熟絡的朋友，向他們分享心事。

2. 嘗試找三位朋友，了解一下朋友眼中的自己，讓他們分析你的三大優點及缺點，嘗試與他們交流，彼此傾心吐意，並表達你的需要及難處，看看這些朋友是否願意細心聆聽及支持你。

關係是雙向的，

我們沒可能滿足所有人的期望，

也不可能一味滿足他人的期望。

每次做搞手，約大家見面，總有很多人不回覆

「好灰。」有一位年輕人向我訴苦。「每次搞活動，大家的反應都很冷淡。在羣組發起活動邀請，如情況『理想』，活動前幾天會陸續有人表態，像是沒有更重要的聚會時的次選；情況差的時候，好像自己跟自己説話，一輪獨腳戲之後甚至無疾而終……難道只剩下我重視這段友誼嗎？」

做搞手的確是吃力不討好的工作，但正如這年輕人所説，就是看重這份關係，令很多人願意擔起這「攞苦嚟辛」的角色。

三心兩意

我也曾是大學同學聚會的搞手之一。回顧過往的經驗，歸納出以下五個搞手需要具備的特質：

1. 熱心

羣體整體上有一種惰性（inertia），搞手是發起人，需要主動出擊，帶領和鼓動其他人的興趣和熱情。如果羣體人數多，更要聚集其他有心人幫忙，這樣火車頭才有力量帶動整架列車行駛。

2. 耐心

搞手要有無比的耐性。籌劃的活動要盡早宣傳，最少在活動舉行前一個月通知羣組。由於羣體有互相依賴的特性，宣傳通知要定期發放。第一次宣傳後兩星期再作提醒，直至活動日前三天及前一天要再次提醒善忘的朋友，這個策略尤為重要，因為現在各人都有數不清的 WhatsApp 羣組，要不斷更新才能保持在清單的上游位置，否則很可能「石沉大海」。

3. 貼心

要引發參與者的興趣首先要投其所好，發掘有意思、貼近大多數人喜好的點子。因此，除了認識時事，更要細心地掌握朋友的近況。對於不願參加者背後的原因也要好好了解，明白箇中的原因，以後可再作改善。

4. 誠意

雖然手提電話的通訊程式很方便，搞手還是應該個別邀請，以顯示你對他的誠意，也加深參加者的投入度，如活動要有開支，這更是集資的好時機。除此之外，要時刻更新活動內容的詳情。曾經有朋友為羣體製作了像旅行社提供的行程表，可謂做足準備，朋友們看了都在羣組熱烈討論，大讚搞手誠意十足。

5. 創意

在〈與以前的朋友關係愈來愈疏遠〉一文中，我提及營造獨特、有意思的經驗對增進友誼的重要。搞手要發揮創意，籌劃令人難忘的活動。記得我一多年前在港大參加了有關建築古蹟保育的課程，最後一課會去澳門考察文物保育的發展。我當時邀請同學參與考察外，一起去懷舊美食博覽，並在一間有濃厚葡萄牙特色的餐廳談談近況和展望將來。結果，大家盡興而回。

接受不能控制的事實

儘管搞手具備以上的特質，也不能百分百肯定朋友會熱烈回應。作家路易斯（C. S. Lewis）在其著作《四種愛》（*The Four*

Loves）當中提到友情的特質：隨意性（arbitrariness）和非責任性（irresponsibility）。

友情是一種自由度很大，可以隨己意行，也不需要多交代的關係。有人會覺得這些特性令人感到很冒險，不願投入太多心力，以免失望受傷；但這種無條件（unconditional）的特質卻同時是友誼最寶貴的地方，朋友可以不問情由的為你兩脅插刀，或在你孤單無助的時候默默站在身旁。**如果對友誼有硬性的期望往往令自己生氣，甚至產生怨氣，反而令對方感到窒息的壓力。**

要着緊，又不要逼得太緊。作搞手的你，辛苦了！

小習作

1. 搞手需有「三心兩意」的特質：

   - 熱心
   - 耐心
   - 貼心
   - 誠意
   - 創意

   你有這些特質嗎？你覺得這些特質對你做搞手有什麼好處？

2. 近年，朋友聚會的搞手已經被視為一種苦差。《蘋果日報》曾列出一些搞手技巧，增加朋友的回答率，如下：

   - 在羣組查問以後，先確定約一至兩個朋友；再於羣組內談話，在有人回答的前題下，其他人自會儘快回覆。
   - 面對有些朋友不確實的回覆，可向他們表明需要預先訂位，要求他們限時內回覆答案。

   你有什麼方法嗎？

参考資料

- 《蘋果日報》,〈約友飯局有難度,聚會搞手好煩惱〉(2014 年 3 月 24 日),網址:http://hk.apple.nextmedia.com/supplement/culture/art/20140324/18666203

友情是一種自由度很大，

不需要多交代的關係。

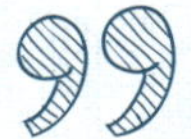

不要跟好朋友去旅行？

你通常跟誰出外旅遊？家人？朋友？一個人？相信大家都有跟平時談得來的好友去旅行的經歷，不知有沒有一種「相見好，同住／行難」的感覺呢？十多年前，我曾跟不同朋友同遊，兩段行程，得到兩個截然不同的結局。

話說當時是大學二年級的暑假，我與兩名同系的男同學報名去美國留學一個月，課程開始前我們提早去大阪和京都旅遊一星期，之後才轉機去洛杉磯。同學 A 很有「主見」，行程安排全由他決定，而他也不太理會其他人的意見。回到酒店，他往往第一個搶先洗澡和佔用充電器，睡覺當然也是獨佔一牀（請記着三個人去旅行是最差的配搭！），漸漸地我覺得自己好像跟着大少出國旅行的傭人。

最深刻的一次，當我們拖着又大又重的旅行喼行樓梯走去對面月台轉車時，列車已經到站，行得慢的我心急如焚，雙手拉不動行李，在快要連人帶行李滾落樓梯時，同學 B 衝上來幫手，才僅僅追上那一班列車……望着早已安坐在列車，面上一副若無其事的同學 A，我發誓以後不再跟他做朋友！

另一次，我跟兩名同學（又是三人行 ?!）去埃及旅遊。在遊客必到的胡夫三個金字塔門口遇上三名駱駝客，他們聲稱提供免費坐駱駝遊覽的服務。上了駱駝，他們替我們拿相機拍照，行了一陣子才發現事態不妙。除非每人交出一百埃幣（約港幣一百元），否則他們拒絕讓我們下來（駱駝聽了主人吩咐才會屈曲雙腳坐下，讓乘客落地）。經過一輪拉鋸，我們三人終於成功落地，但他們仍不肯放人。

我們三個小子就在這三名大漢和駱駝之間展開追逐戰，在沙塵滾滾中，我被其中一名大漢捉住，扭作一團之際，聽到："You get my money, let him go !" 原來是同學 S 強而有力的呼喊，騙子們拿了錢，就容讓我們離開。「大難臨頭各自飛」是大多數人的正常表現，但在危難之時，同學 S 願意犧牲自己，為朋友挺身而出，確是真朋友。

太有所謂 VS 太無所謂

碧嘉（Lawrence Becker）是研究人際互動的學者，他指出人與人之間需要雙向互動（reciprocal）的關係。換句話說，**在朋友之間雙方各自都要有相若的付出與回報，有來有回，友誼才能成長。**

在第一個經歷中，同學A透過友誼而獲得的回報遠超付出，令其他人感到不滿。這種友誼屬於接受性友誼（receptive friendship），接受者樂於坐享其成（又或因內疚而離開這段關係）；付出者則因單單付出而缺乏滿足感。這種不滿累積達到怨恨的時候，就是友誼衰敗的時候。回想當時的我只默默付出而沒有提出不滿，間接助長了同學A「理所當然」的要求，因此也要為自己太無所謂的態度負責。

另類的「公平」原則

從個人層面而言，在關係當中付出多，也會期望高回報（即多勞多得的概念），這跟商業合約的公平原則相似，但友誼的公平（friendship equity）有其更複雜的原則。研究親密關係心理學的學者德勤指出，從雙方層面來看，雖然大家在關係中得到相若的回報，但當你覺得對方投入的較少，仍會覺得不公平。

相反，**縱使你在一段關係中付出很多，回報很少（如，你要照顧患了抑鬱症的朋友），但當你覺得對方為這關係付出了更多（如，忍受服抗抑鬱藥的副作用維持穩定的情緒），縱使對方在這關係中所得的回報比你多，你仍會覺得是公平的。**

讀者可能不同意斤斤計較的公平原則，而我也同意真摯的友誼貴乎無條件的可貴特質，但以上的原則對我們評估友誼發展的趨勢，以及調整雙方的付出以達致更健康的狀態提供了重要的參考指標。願意這個另類的公平原則，能讓你的友誼更上一層樓。

小習作

1. 以下的評估表有助了解你和你朋友關係的現況。

- 為自己填寫以下表格，0 分最低，10 分最高。愈多付出 / 回報，分數愈高。

心理的付出（例：關心對方）：____ 分	實質的付出（例：幫對方修理車）：____ 分
心理的回報（例：得到尊重）：____ 分	實質的回報（例：收到禮物）：____ 分
心理的回報－心理的付出＝____ 分 如果結果是正數，代表心理的回報較多（psychological over-benefitted）；如果是負數，則代表心理的付出較多（psychological under benefitted）。	實質的回報－實質的付出＝____ 分 如果結果是正數，代表實質的回報較多（physical over-benefitted）；如果是負數，則代表實質的付出較多（physical under benefitted）。

- 從心理方面，你屬於哪一類？

  a. 感受如何？（例：回報較多會否令你感到內疚？付出較多會否令你感到不滿？）

  b. 如何改善？（例：努力付出更多？向對方表達不滿？原來太熱情會嚇跑對方？）

- 從實質方面，你屬於哪一類？

  a. 感受如何？

  b. 如何改善？

- 為你的朋友做以上的評估表。
- 比較雙方的結果，你覺得公平嗎？你的感受和改善方案有需要修改嗎？
- 如有機會，跟你的朋友分享你的結果。

參考資料

- Becker, Lawrence C.（1986）. *Reciprocity*. London: Routledge & K. Paul.
- Duck, Steve（1983）. *Friends, for life: The Psychology of close relationship*. Brighton: The Harvester Press.

朋友之間，有相若的付出與回報，

有來有回，友誼才能成長。

不談心事的，可以稱為好朋友嗎？

聽過一個有關業餘足球隊的小故事。有一班相識了 30 年的波友，逢星期日都會一起踢波，有足球大賽會相約觀賞，也會在長假期結伴去外地旅行，探訪英國不同球會的球場。大家稱兄道弟，稱對方的配偶為阿嫂。

記得有一次一位波友練習時受傷骨折，其他隊友輪流上門照顧他。最近，有隊友因癌症離世，兄弟們義不容辭地幫忙，盼望為他送上最後的祝福。

在述史的環節，女兒分享父親臨終前，開始邀請他重視的親友，向他們表達謝意或歉意，訴說他對死亡的恐懼，以及人生的種種遺憾等。縱使受病魔折騰，但爸爸眼裏卻閃爍着滿足的光輝。可惜，談心的時間不長，就因病情惡化離世。在座的波友們，在瞻仰遺容的時候，看着又熟悉又陌生的老朋友，大家心中都起了一些莫名的變化……

在〈職場無朋友？〉中提到表露脆弱是加速情感連結（affective bonding）的重要元素，但很多人會卻步，寧願選擇吃喝玩樂，分享開心和較表面的事情。另一個極端則是與不太相熟的朋友對你說心事，見面幾次就跟你分享他的童年陰影，期望你有相應的回應，令你感到很沉重，對方最後可能因你對他不夠重視而發怒，不再跟你來往。

幾時可以分享心事？

要好好掌握人際互動的節奏，需要在適當的時間、場合，對適合的人物，以適當的手法和進度分享心事。我根據治療小組的理論，列出以下一些供參考的要點：

- **關係**：相熟的夥伴較佳（但不排除經此分享之後大家關係變得很緊密）。
- **人數**：不能太多，一對一能保持分享內容深度（depth），四至六人確保有足夠互動（dynamics）；六人以上互動太多又會影響內容深度。

- **環境**：安全、接納的氣氛。理想的地方可以在朋友家中，以吃零食和小遊戲熱身破冰，之後可從分享各自的近況開始。

- **冒險**：鑒貌辨色，輕輕的追問，或自己走出第一步，分享比較脆弱的感受（如，恐懼和羞愧等）。

- **回饋**：看看聆聽者的反應，如其他人也細心聆聽，願意分享相似的遭遇和感受，是理想的現象。讓情緒得以宣洩（如，大哭一場），也要容許有靜默的時間。如果企圖以理性的解釋或膚淺的安慰（pat answer）把話題帶過，則會影響其他人冒險分享的信心。

- **結束的儀式**：可以圍圈手握手，一起祈禱；向身旁的朋友說鼓勵的話，或以信物記念當天難忘的時刻。

觀察微妙的人際流動

人際互動的複雜性不是單靠理論可以做到，還要時刻仔細觀察當中微妙的人際流動，慢慢就會有更好的掌握。我分享一個親身經歷：

2004 年，當我就讀碩士一年班時，有同學因壓力過大而自殺身亡。我們關係最緊密的五、六個同學在沙田中央公園靜靜坐着，大家不發一言。過了良久，其中一位女同學説看着去世的同學的書桌、用過的物品，令她仍未能接受同窗一去不返的事實，並開始哭起來。坐在旁邊的同學撫着她的背，其他人則仍在啜泣聲之中靜默。

之後，有同學憤怒的抗議：「一星期要交五份功課！老師竟不理會我們推遲截止日期的請求！有什麼比人命更重要？」同學也逐一訴説他們的感受。最後，有人提議一起祈禱，連沒有信仰的同學也願意加入。那日以後，同學間比以前更親密，更強的互相守望支持。有幾名同學每年在同學自殺的那天都會相約去墳場默默記念，也再一次提醒自己生命的可貴，要好好珍惜。

這雖然是令人傷感的事情，**但因有小組的分享和支持，令我們能在哀傷過後振作起來，重整人生的優次，也令同學間的關係更緊密和團結，朋友間的互相分享，互相支持，讓我們有力量繼續面對前路的難關，不致在路上孤單跌倒。**

小習作

1. 朋友聚會有傾心事的習慣嗎？情況如何？有什麼原因令大家都有所忌諱呢？

2. 跟你可信賴的好友（一對一，又或是三至四人）分享上文提到的建議，嘗試實踐，有回饋的時間。

分享心事需要好好掌握

人際互動的節奏。

男人，很難說心事

粗略估計，每十個尋求輔導人士當中，只有兩個是男性。除了因為面子問題不願尋求幫助之外，要分享自己脆弱的感受，或所謂「傾心事」，會令男士非常不安，而求助的男士大多只會分享實務性的事。在輔導環節，當我重複問他們「覺得點」時，他們會不期然地傾向表達自己的想法、評論事情的對與錯，較好的會說「唔開心」、「傷心」、「OK 啦」等等。

在戀愛或婚姻關係中，與擅長表達情感的女性相比，男性在這方面的能力好像 BB 班學生。在溝通、衝突中，男士往往只談實事，不談心事，令對方感到情感失連，關係很疏離，久而久之產生很多問題。

情感失語

1973 年，心理治療師斯方尼奧斯（Peter Sifneos）將未能覺察，或難以表達自己情緒的狀況稱為 Alexithymia。這字是由三個拉丁文構成的：A —— 沒有；lexi —— 説話；thymia —— 情感，意思是未能説出情感（no speech for emotions），中文翻譯為情感失語症。**這症狀的患者以男性居多，詳細的狀況還包括：未能清楚辨認和命名自己的心情、將情緒和身體反應混淆（例如：在沮喪時只感到肩膀痛或頭痛），以及受限制的幻想力（例如：被女性投訴「木訥」或「無情趣」的男士）。**

唯一的情緒：憤怒

由於社會文化對性別期望的影響，流血不流淚被喻為是真漢子的指標，一切情感的分享則被視為女性化和軟弱。在成長過程中，男孩子從小不被容許表達脆弱，憤怒成為唯一能夠表達的感受。

研究男性情緒的學者提出「情緒漏斗」的理論，當脆弱的感受（如：受傷、害怕、羞恥等）不能以言語表達，它們會轉變成憤怒，輕則喜歡挖苦別人，對人不友善、冷漠和抽離等，重則會一發不可收拾，傷害自己和別人。以中年失業漢因情緒失控而殺害妻子為題的《天水圍的夜與霧》，就是改編自天水圍一樁家庭慘劇。

專研男性心理學的哈佛大學心理學系教授李凡博士（Ronald Levant），分享了他幫助男士接觸和表達情緒的經驗和步驟。首先，可從男性面對情緒壓力時的身體反應（somatic response）着手，提高男性對身體以至情感的覺察力；其次，增加男性的情緒詞彙（emotional vocabulary），讓他們從觀察和命名他人的情緒反應開始，再慢慢學習表達自己深層次的情感。

造物主給我們創造了情緒，是為了豐富我們的生命，使之變得更立體和有層次，否則生活每天如常地過，就像不斷看着黑白照片，或是吃着淡而無味的食物，這樣的人生是令人遺憾的。**兄弟們，就讓我們好好觸摸自己的心，以致我們能與其他人交心，關係更上一層樓。**

小習作

1. 你 / 你認識的男士有情感失語（Alexithymia）的症狀嗎？這如何影響到你 / 他們的情緒和人際關係？

2. 你 / 你認識的男士有以下「情緒漏斗」右邊（屬於憤怒的變奏）的表達嗎？

   同時，留意及記下自己的情緒變化，特別是「情緒漏斗」左邊詞彙（屬於較脆弱的情緒），跟朋友或輔導員分享。讓情緒得以舒緩，以免過分壓抑而導致憤怒情緒的爆發。

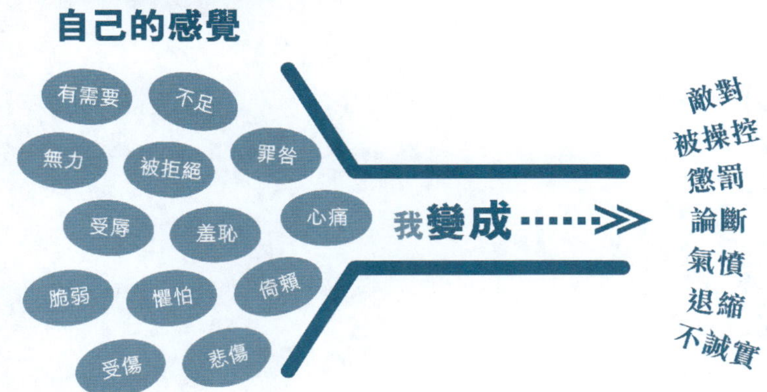

脆弱會引起有敵意的對話。如遇上敵對、論斷、退縮的情況，我、朋友有什麼感受？

當我遇上有敵意或想逃避的處境時，使我感到受傷、難受的疑犯是？

跟可信賴的朋友分享，也可按照以下的訓練步驟提升自己對情感的覺察和表達能力。如有需要，可聯絡心理輔導員作跟進。

3. 從情緒圖表（emotion chart）增加情緒詞彙，特別是較不明顯的情緒。

我採用心理學家 Robert Plutchik 的情緒輪（emotional wheel）作分類，讀者們可參考：

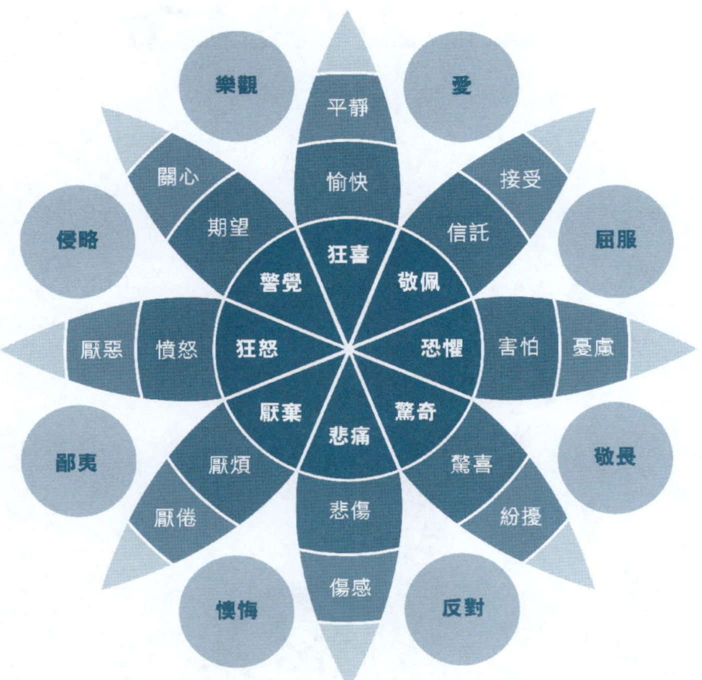

當脆弱的感受不能言說，

就會轉變成其他負面情緒。

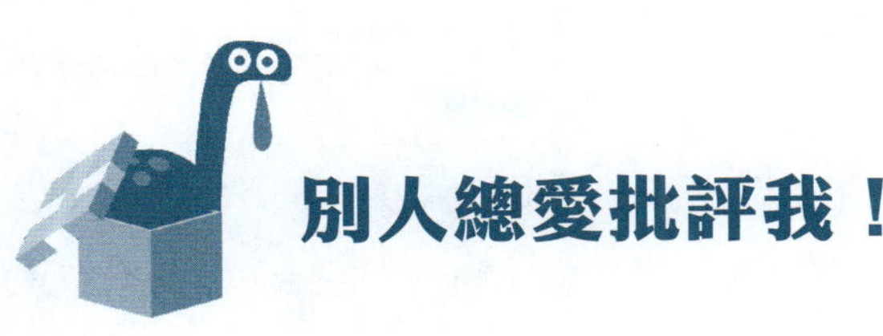

別人總愛批評我！

你有被朋友批評過嗎？你的反應如何？會否影響你們之間的關係呢？

記得在大學的末期考試有小組討論的環節，大家要就一個個案作分析研討。組員各自表達自己的看法，其中兩名同學對另外一位同學的看法有異議，提出一些質疑。被質疑的同學立時面色一沉，語氣變得強硬，不再踴躍發言。本來有商有量的環境突然變得沉重，大家說話很拘謹，怕再觸及該位同學的神經。

人與事分開

對於環境的反應，輔導心理學認為人有內化（internalization）和外化（externalization）的反應。**當某人對事情過分着緊（take it too personally），又如廣東話所說的「太上**

心」，便是類似內化的意思。如上文提到那位被批評的同學，她把別人不同意她的意見（事）視為對她個人的拒絕，因此感到受傷害，對外界的反應也變得很敏感，甚至作好準備反駁其他「攻擊」她的人以保護自己。

相反，如果那同學能看見別人批評的只是她的看法，而非她本人，情況便會大大不同。因此，對於別人的批評，將人與事分開是十分重要的。人身攻擊（例：「蠢過隻豬」）當然是對人的不尊重，在朋友關係中也是不被容許的；針對事則可包括意見（例：對雨傘運動的看法）和行為（例：多次遲到的問題），是有商討或改善空間的。

朋友是一面鏡

哲學家亞里士多德對朋友有以下見解：

"Friends hold a mirror up to each other; through that mirror they can see each other in ways that would not otherwise be accessible to them, and it is this mirroring that helps them improve themselves as persons."

他認為朋友像一個拿着鏡，站在你對面的人，將你的盲點反映出來。靠着這面鏡，你知道自己有什麼地方需要改善。真正的好朋友會為你的好處着想，以事論事，提出善意和建設性的批評。這些批評可算是好朋友送來寶貴的禮物啊！至於如何好好打開這份禮物呢？以下跟大家分享面對 / 表達批評時的原則。

我十分喜愛美國作家愛默生（Ralph Waldo Emerson）有關友誼的看法。他説健康穩固的友誼是由真誠（sincerity）和溫柔（tenderness）這兩塊基石所建立的。愛默生的想法與《聖經》的教導「以愛心説誠實話」的意思互相呼應。

在實際操作上，**真誠的批評需要具體（specific），溫柔的批評需要同理心（empathic）。**前者將事情具體化，批評者會更有理據，受批評者也較易受落，不會演變成情緒化的反擊；後者多從對方的角度看事情，多了雙方的交流，能夠互相諒解，也會較平心靜氣。

無論表達或接受批評，願大家能好好珍惜這珍貴的禮物，不單令自己有成長的空間，更能增進彼此的情誼。

小習作

1. 以下是朋友之間因遲到問題而產生衝突的情況，讀者可嘗試按例子應用在其他話題當中。

   通常遲到者收到以下的批評：「我次次約你都遲到！」讓我們嘗試以具體的真誠和具同理心的溫柔來表達 / 回應批評：

   - 批評者

     「今天你遲了 20 分鐘，是否出了什麼事？（同理心）上星期五的約會，你也遲了 15 分鐘卻沒有解釋原因……（具體的對質）在街上呆站的滋味很不好受的啊！（勾起對方的同理心）」

   - 受批評者的調整和回應

     「對不起（有錯要認），要你在街上呆等確實是過意不去（同理心）。因為遇着下班的繁忙時間，7 時到達的確困難（具體的解釋）。下次約 7 時半或許會好一點，你的看法如何？（具體解決問題的建議）」

批評是針對事，而不是針對人。

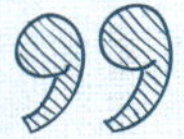

我很容易與人爭執

你很容易與人爭執嗎？

我有朋友是「包拗頸」類型，無論何事都可爭論一番，目的是要得別人的認同，也有朋友從小在家被「訓練」成「議事論事」的溝通模式，閒話家常都愛拿理據支持，否則會被反駁到招架不住。這樣的生活真的過得很不容易，身邊的人也是吃不消，究竟衝突是不是一定不好？朋友之間有意見不合，應如何處理呢？

五個衝突的態度

研究衝突的學者托馬斯・基爾曼（Thomas-Kilmann）以兩個向度將衝突分類，分別是橫軸的合作性（cooperative）和縱軸的堅持己見性（assertive）。前者以和為貴，後者側重得到自己想要的（例：別人認同、支持你的政見，或在洽談中得到你的目標利潤）。這兩個向度衍生五種不同的衝突態度：

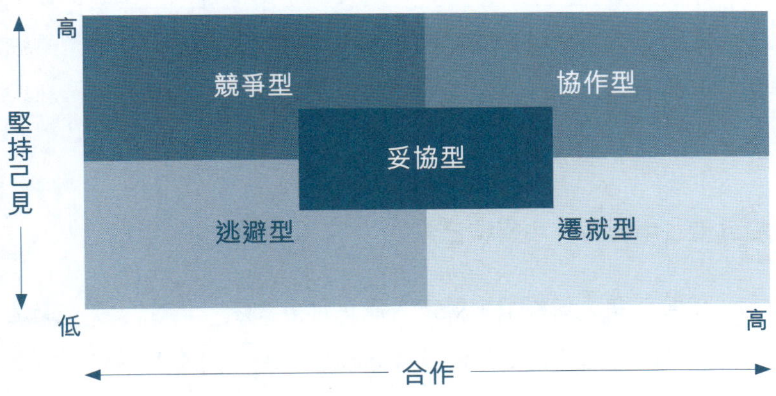

逃避型（低合作，低堅持己見）

逃避型人士跟駝鳥政策類似，對衝突表現畏縮躲避、不敢正視現實，你不會幫助對方得到想要的，也不堅持自己的意向。長遠來說，這種取態是不良的態度，只會累積更多問題。然而，當問題極為瑣碎、預計要付上極大代價，又或在情緒十分高漲時需要爭取喘息的空間，逃避型也是可考慮的權宜之計。

競爭型（低合作，高堅持己見）

文章開首提及我的兩位朋友屬於這類型。**得到別人的認同和配合是競爭型人士最看重的，即使令對方蒙受損失，雙方關係破損也在所不計。**在危急關頭，這種以大局為重的強勢主導型領袖是需要的，他們往往能在最短時間內作出決策，帶領眾人脫離困境。

妥協型（中合作，中堅持己見）

正面來看，妥協型讓雙方各滿足部分要求；消極來看，這是一個雙輸的局面。當雙方的目標同樣重要時，妥協型可能是中庸之道，但最理想的還是透過協談達到協作的狀態——雖然要花的工夫比妥協型更多。

協作型（高合作，高堅持己見）

協作型是最理想的雙贏局面。這需要雙方都願花時間和精力，從宏觀視角和不同的角度分析困局，構想不同的解決方法，再整合成雙方都滿意的方案。

遷就型（高合作，低堅持己見）

遷就型為了配合對方的主意，會放下自己的意見，甚至作出犧牲。華人社會和基督教圈子有很多這類的人，但要小心這類型人士會累積不滿和苦毒，到了臨界點時很可能會有很大的反彈，令關係受到衝擊。

我認為以上五種模式都有其強弱之處，因此需要仔細審視形勢，按情況選擇最合適的取態。

好好爭執

衝突很多時都觸及雙方的情緒，很容易傷害感情，情緒高漲時也會影響理性的討論。以下提供面對衝突時的步驟和技巧（SIT），讓衝突可以處理得更合情合理：

聆聽與表達守則（Speaker-Listener rules）

雙方輪流扮演聆聽者和表達者的角色。聆聽者只能聆聽表達者的意見，除了發問一些澄清性的問題，不能插嘴，以確保自己明白對方的想法。聆聽完畢要覆述對方所說的，確保沒有誤解或遺漏；表達者則需要簡單扼要地表達自己的感想，要具體，一事歸一事，切忌番舊賬。

「我」的訊息（“I” message）

以「你」作開始的說話形式通常都有指責性（例：「你的意見根本不合邏輯！」），容易勾起對方的反擊情緒。**因此，以「我」的角度表達，就能大大增加討論的可能性。**在合適的情況下，可先表達自己的感受（例：「我尊重你的意見，但聽到你的想法後，我有點擔心和失望。」）。先禮後兵，心平氣和地談下去就更理想了。

中場休息（Time-out）

憤怒或哀傷都是情緒高漲的情況，心理學稱為情緒滿溢（flooding）。研究顯示情緒滿溢需要至少 20 分鐘才能平靜下來。所以，中間有中場休息，令雙方冷靜是必須的，但提出中場休息的一方切記同時要定下回來再傾談的時間，否則很容易不了了之，令對方覺得你逃避問題，或缺乏誠意。

盼望大家可以更覺察自己的衝突取態，在合適的情況知所進退，好好的坐下來（SIT）慢慢傾，讓衝突變得更有建設性。

小習作

1. 在五個衝突的態度中，你屬於哪一類？這對你面對爭執有效嗎？為什麼？

2. 挑選一個雙方意見略有不同的話題（開始時請不要選擇爭議性高，難以取得共識的話題），按文中面對衝突時的步驟和技巧（SIT）練習，之後互相分享和回饋練習時的經驗。

參考資料

- Meier, J. D. 5 Conflict Management Styles at a Glance. *Sources of Insight*. Retrieved from http://sourcesofinsight.com/conflict-management-styles-at-a-glance/

情緒滿溢時，不妨來一個中場休息。

與以前的朋友關係愈來愈疏遠

學如逆水行舟，不進則退。維繫友誼也是相同道理。在大學讀書，或是已經畢業進入社會工作的你，還有跟小學、中學同學定期相聚嗎？你們的關係如何？能夠維持兒時的友誼是十分可貴，但一點不容易。

最近看一個有關廢墟的電視節目，其中一輯提到日本長崎附近的端島（Hashima Island），因島的外形像軍艦而被稱為軍艦島。這個 20 世紀初由日本大企業三菱公司所建立的社區，在最高峰時住了超過 5,500 名煤礦工人及家屬，成為全世界人口密度最高的地區。

當地除了住宅，還有學校和醫院等基建，工人及家屬在島上過着自給自足的生活，後因政府更改能源政策，煤被石油取代，煤礦因此在 1974 年正式關閉，所有居民全部撤走。

事隔 40 年，島上的建築物相繼倒塌，木門和玻璃窗因颶風和鹽分而粉碎，在部分住宅中還看見居民遺留下來破爛和被侵蝕的家具。當時島上的居民需要每天修葺島上的建設，才能使這個四面環海的孤島正常運作了近 70 年。

經營：營造經歷

軍艦島的故事令我想起一份經得起時間風浪打擊的友誼，同樣需要細心持續經營。友誼在不同的階段有不同的需要。教會一名弟兄跟我分享，十多年來每個月都會約大學同學出來敍舊，但最近兩、三年，他覺得大家愈來愈陌生。每次聚會都會找一間有氣氛的酒店餐廳，談話內容大多都是工作上的辛酸、往哪兒旅遊、最新的手機資訊⋯⋯最近，因有些同學的小孩出生，話題就轉至育兒方向。他説，很懷念大學時，大家躺在宿舍天台看星星談心事的時光。

的確，友誼在不同階段會有不同的主題。**研究友誼心理學的作家德勤（Steve Duck）指出在友誼中的互動模式（pattern）要定期更新轉換，否則友誼也會遇上軍艦島的下場。**

具體來說，在友誼的經營上，我們需要不斷營造新的、有意義的經歷，友誼才會增長。一位朋友對我說，他和幾位好朋友去非洲肯亞義教英文，回港後大家仍熱切討論，期待下次再做義工的機會，彼此之間的友誼因此更進一步了。我相信為友誼營造有意義的經歷就是這個意思了。

友誼的四季

正如人生有它的周期（life cycle），友誼也有四季之分。作家魏寶麗（Paula Ripple）將友誼分作春夏秋冬，春夏季分別是友誼萌芽和滋長的時間，也是大家所嚮往的狀態，但她認為只停留在這階段是未完全的。友誼的秋天是孤獨的季節，我們要有獨處的空間，反省友誼教曉我們什麼功課，只有經過這樣的沉澱和整理，才能培育出更新和健康的個體，為下一階段的友誼投入更多更好的愛。

至於友誼的冬天表面看似毫無生機，但白雪底下蘊藏的卻是過往無數美好的回憶，因着對對方忠誠的委身（faithful commitment），大家都在「盡在不言中」的關係裏。即使見面不多，但在對方有需要時靜靜守候，在適當的時候騰出私人空間給對方，相信就是友誼的最高境界了。以拉丁諺語“Still waters run deep”來形容冬季的友誼也是十分貼切。

如果你仔細分析與朋友愈走愈遠的關係，原來是踏入秋天或是冬天，我在此恭喜你；但有更多的機會是我們要接受友誼正步向衰亡這不可挽回的事實。

最後，跟大家分享法國哲學家茜蒙慧爾（Simone Weil）的故事。

二戰時，慧爾受納粹的迫害逃到鄉間，認識了農夫費邦（Gustave Thibon），從此成為好友。數年後，慧爾再次逃命，臨別之前，她把她最重要的文章手稿交給費邦保管。經此一別，兩人再沒法相見。

1943 年，慧爾在倫敦逝世了；多年後，費邦將好友留下的手稿收輯成書 *Gravity and Grace*。在簡介中，過往認為哲學是空洞虛談的費邦，看見慧爾活生生的生命，改變了他的想法，甚至令他重回大學修讀哲學。

在慧爾寄給費邦的一封信中表達了她對這段友誼的感想：

“The joy of meeting and the sorrow of separation...we should welcome these gifts...with our whole soul, and experience to the full, and with the same gratitude, all the sweetness or bitterness as the case may be. Meeting and separation are two forms of friendship that contain the same good, in the one case through pleasure and in the other through sorrow...Soon there will be distance between us. Let us love this distance which is wholly woven of friendship, for those who do not love each other are not separated.”

讓我們懷着同樣感恩的心擁抱相遇和相分，把握在一起的時候營造有意義的經驗，即使友誼最終要結束，但那一串串珍貴的回憶，很可能就是影響對方人生的無價禮物。

小習作

1. 你的友誼正處於什麼季節？你有為它營造新的、有意義的經驗嗎？可跟你的好友仔細商量一下。

2. 你曾面對友誼的衰敗嗎？有何感想？這給你哪些提醒？

維繫友誼有如逆水行舟，不進則退。

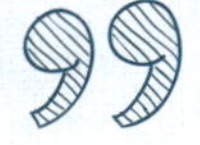

結語：友情，需要特意經營嗎？

有人認為，若友情需要刻意經營，就算不上是友情，因為真朋友會自然而然地保持聯絡；但有更多人慨歎隨着年齡漸長，生活及工作圈子不斷改變，與新朋友難以交心，與老朋友的距離變得愈來愈遠 —— 年紀愈大，孤單感愈來愈強烈！

對我而言，對待友情、愛情和親情，有如栽種植物一般，需要悉心經營，感情才能夠持續滋潤成長。日本作家松浦彌太郎在他的著作《謝謝你》中，分享人與人之間的交往就是「栽培、守護、持續」。友誼能否持續有生命力，靠賴「交朋友的力量」，就是找出別人優點的能力。每天尋找對方的優點去愛他，雙方自然能萌生友情；至於缺點，除了接受，甚至比優點更加喜愛，因為愛與原諒是相輔相承的。

在電影《哪一天我們會飛》中，女主角曾説：「我覺得夢想應該是當你快要停止呼吸的時候，仍然覺得一定要做的事。」

把這句說話套在朋友關係上同樣可以，「當你快要停止呼吸的時候，有哪些朋友你覺得一定要見面？」若他們的名字和樣貌此刻在你的腦海中浮現，不要猶疑，想法子聯絡。

如何經營友情？

1. 定時約見

視乎彼此忙碌的程度，定時約見，生日或有朋自遠方來也是不錯的相聚日子。當朋友知道你在忙碌中仍刻意安排及規劃時間盡力見面，他們會欣賞你的誠意及尊重，珍惜這份情誼。相反，若每次與你難以相約，或你總在最後關頭爽約，終會因信譽下跌及缺乏誠意而令朋友卻步。

2. 深度交流

由於約見的次數不多，應更珍惜彼此交流的時間。從更新彼此近況開始，進而分享生活點滴，甚至有時緬懷過去，讓回憶成為友誼的基石，建立「落地」的真關係。若想拉近彼此的距離，就要開放自己，讓朋友們陪你一起走過人生不同的階段，例如求職、拍拖、結婚、生兒育女、單身煩惱等等。珍貴的友誼建立於彼此信任和接納，深度的交流有助拉近彼此之間的距離，友誼得以維持長久。

3. 心意表達

物輕情誼重，當朋友收到小禮物，如旅行手信、生日禮物等，大都會感到窩心，因為每一份禮物代表他對你的記掛與認識。有些朋友喜歡親手自製禮物或心意卡，誠意令人感到溫暖。感恩身邊有一位認識了 20 年的好朋友，至今仍會親筆寫生日卡，寄到我家裏，實在有種被恩寵的感覺。雖説禮物不是必須，但適當的心意表達會讓二人關係更近。

友情，需要悉心經營和付出，也需要大方的接納和包容。美國作家 Elbert Hubbard 有一名句：「朋友就是即使他對你有全面認識，仍然會去愛你的人」（A friend is someone who knows all about you and still loves you.）。希望藉此機會，衷心多謝我所有朋友，曾經出現在我的生命裏，彼此豐富，彼此建立，謝謝你們！

廖暉清

結語：無人明白我

「無人明白我。」—— 相信這是很多「無朋友」讀者的心聲，我也曾是其中一人。由於本身性格較內向慢熱，身邊的朋友自然不多，也曾經抱怨自己竟有這種「缺憾」。

升上大學，人際圈子擴闊了，我努力令自己變得更外向。然而，即或身邊一同玩樂的朋友多了，內心深處仍感到很不滿足，甚至想過若然只有這麼表面的友誼，倒不如一個人自由自在更好。

直至出來工作，利用公餘時間閱讀有關心理學、自我成長類的書籍，漸漸對自我認識更多，也明白性格沒有好壞之分以後，我才開始接納自己較內向的性格，甚至發現內向也有其優點。

從交友的闊度（人數）和深度（親密度）來看，我的交友模式屬於後者。雖然朋友不算多，但我在他們心目中都是可以傾心事的人。我學習到在交友以先，需要先和自己交朋友：認識自己，才能清楚知道哪些是投契的朋友；接納自己，以真我示人，才能交到真朋友。朋友就像映照我們的鏡子，在互動之中，因着他們的反應，讓我們對自己有更多認識。在這循環當中，我和對方不斷地彼此建立。

除了自我認識，交友的技巧也是不可少的。其中以有效的溝通最為重要。在合宜的階段和場合，以自己擅長的方式，盡力讓對方明白自己。有了理論還不夠，因着人的獨特和複雜性，我們需要好好實踐，不斷累積經驗（即使失敗的經驗也是非常寶貴的）。技巧和實踐，成了另一個重要的循環。

現在 Facebook、WhatsApp 流行，似乎縮短了朋友間的距離；然而也成為彼此之間關係的阻隔。在熒光幕之後，自我可以找到安全的屏障，在關係中保持距離，的確可以減少受傷，也可避免面對自己需要付上成長代價的殘酷現實。

然而，文字和圖案在表達上有其限制，很多不必要的誤會以至衝突由此而生。曾輔導過不少夫妻，吵架後竟然透過 WhatsApp「和解」，結果令復和過程變得更難更複雜。因此，在使用通訊工具時，我們要清楚其優點和限制，用得其所。

最初，聽到編輯介紹本書的書名時，心裏想：「我就是這種無咩朋友的人呀！」上帝除了幽了我一默，也讓我在寫書的過程，回想過往跟朋友們的寶貴片段，重新提醒我這三十多年的成長路上遇過的夥伴，鼓勵我努力成為其他人的好朋友。

盼望這書能令你更明白自己，也讓你更明白別人。在這互相了解的過程中，我們的人生都彼此豐富了。我的朋友，是時候坐言起行！

周偉豪

心理與栽培系列最新書目

生活與輔導

書名	作者
內向者的空間爭奪戰	周偉豪
愛，要勇敢 —— 戀愛的心理分析	伍詠光
就是要做自己 —— 尋找成長路上的家庭烙印	梁燕雲
怎可以一生一世	霍玉蓮
相愛不傷愛 —— 感情與理智的拿捏之道	羅乃萱
工作自主 —— 組合你的 SLASH 人生	黃岳永
做自己的生涯規劃師	張文彪
焦慮自療	湯國鈞、江嘉偉、陳佩珊
現實，我受夠了 —— 應對無力感的 6 個關鍵	伍詠光
當 10cm 遇上 3cm —— 癌病同行的心靈札記	霍玉蓮、蔡揚眉
情緒傷害的醫治	黃麗彰
誰偷走了我的快樂 —— 應對負面情緒自助手冊	湯國鈞、李靜慧、李智群
邊個想返工 —— 拆解職場新丁 49 道難題	伍詠光、林峰、馮文傑、萬樂人、廖燕萍
下流世代的上流生活	吳渭濱、區祥江
輔導小百科（增訂版）	區祥江
會哭才是真男人	曾立煌、區祥江
我要真關係 —— 在人際中解結與成長	區祥江
勇敢做自己	伍詠光
婚姻，你真的懂？	上官賢恩、蔡元雲等
情難捨 —— 為誰而愛，為何相分？	霍玉蓮